中国脱贫攻坚

吉林省五村案例

全国扶贫宣传教育中心　组织编写

中国文联出版社

图书在版编目（CIP）数据

中国脱贫攻坚·吉林省五村案例/全国扶贫宣传教育中心组编.— 北京：中国文联出版社，2021.12
ISBN 978-7-5190-4799-3

Ⅰ.①中… Ⅱ.①全… Ⅲ.①扶贫–工作经验–案例–吉林 Ⅳ.① F126

中国版本图书馆 CIP 数据核字（2021）第 278499 号

编　　者	全国扶贫宣传教育中心组
责任编辑	祝琳华
特约审读	李荣华
责任校对	张　苗
装帧设计	乐　阅
出版发行	中国文联出版社有限公司
社　　址	北京市朝阳区农展馆南里 10 号　邮编 100125
电　　话	010-85923025（发行部）　010-85923091（总编室）
经　　销	全国新华书店等
印　　刷	廊坊佰利得印刷有限公司
开　　本	710 毫米 × 1000 毫米　1/16
印　　张	7.25
字　　数	76 千字
版　　次	2021 年 12 月第 1 版第 1 次印刷
定　　价	58.00 元

版权所有·侵权必究
如有印装质量问题，请与本社发行部联系调换

前　言

截至 2019 年年底，吉林省 15 个贫困县全部实现脱贫摘帽，1489 个贫困村全部出列，贫困发生率从 2015 年的 4.9% 降至 0.07%。2021 年，吉林省发布《吉林省委省政府关于实现巩固拓展脱贫攻坚成果同乡村振兴有效衔接的实施意见》，并从具体任务分解制定了建立健全巩固拓展脱贫攻坚成果长效机制以及聚力做好脱贫地区巩固拓展脱贫攻坚成果同乡村振兴有效衔接重点工作的实施意见，这预示着吉林省脱贫攻坚和乡村振兴衔接工作正式开启。细审吉林省脱贫攻坚工作，其有诸多机制和模式创新，特别是调研人员对县的大数据分析发现吉林省的脱贫攻坚政策对残疾等弱势群体的益贫效果最为明显。本案例选择了 5 个县的 5 个典型村进行梳理和总结。案例体例大致按照村情、现状、效果、措施、典型事迹和经验等来进行阐述，重点宏观扶贫政策落地的过程来展现吉林省脱贫攻坚村级实践。

所选择的农安县合隆镇烧锅岭村充分展示了县级扶贫政策的覆盖范围和责任机制。作为典型案例村，农安县合隆镇烧锅岭村脱贫经验主要表现在：一是规划先行。突出扶贫重点工作，建立相关扶贫制度，构建整体扶贫格局。二是建强基层党组织，强化"两不愁三保障""代理妈妈"等各类惠民举措。三是发挥乡村能人作用，以乡贤、能人、第一书记为代表的各类人才在产业发展、集聚资源、组织建设等方面发挥了重要作用，为可持续脱贫提供了人力支持。四是发展以市场需求为导向的特色产业，通过发展棚膜经济、特色养殖业，烧锅岭村不仅壮大了集体经济，而且实现了贫困户稳定增收。

所选择的柳河县红石镇四清村结合本县"因病、因残"致贫的现实原因，陆续实施了以健康扶贫为重心的多项扶贫措施，主要包含教育扶贫、农村危房改造、助残、低保扶贫政策、社会救助扶贫政策、就业创业政策等九项扶贫政策，确保精准扶贫、全面扶贫。四清村扶贫的主要经验启示有：一是建立了镇党委和政府、村两委以及驻村工作队三支力量汇聚四清村的脱贫坚强力量，尤其是建立了镇域"第一书记"经常联系机制，为四清村可持续脱贫提供了外部资源支持。二是发展中草药种植扶贫、光伏扶贫、果窖扶贫等特色产业，不仅提升了村集体经济实力，而且奠定了贫困户可持续脱贫的基础。三是实施各类农村就业创业政策，对有培训意愿且符合受训条件的建档立卡残疾人员开展就业技能培训，提高贫困弱势群体的自我发展能力。

所选择的四平市伊通满族自治县营城子镇打草村通过危房改造、安全饮水、基础设施建设项目建设及发展特色产业实现了精准脱贫，同时在机制上有诸多创新，其主要经验启示有：一是创新产业发展模式，建立采取联户经营、委托管理、承包租赁等形式发展种植业，鼓励引导贫困户自愿以土地经营权入股龙头企业和农民合作社，采取"保底收益＋按股分红"等方式带动农户脱贫发展养殖业。二是从制约村庄脱贫、贫困户增收的关键制约因素出发，村党支部、驻村"第一书记"、驻村工作队等多元主体积极作为，向财政局、卫生局、交通局等政府部门争取扶贫资源，实现部门联动扶贫。三是在扶贫过程中村"三委"、村支部书记、"第一书记"团结一心、分工明确、精准识别、夯实工作，有效提高了扶贫政策执行力。

所选择的长岭县大兴镇顺山村在推进脱贫攻坚过程中探索了多种扶贫方式，不仅涉及产业，也涉及治理和乡风文明建设，其主要经验启示有：一是打造"合作社+贫困户"的合作开发模式和利益分配机制，制定社员分红、民生及公共基金、合作社再生产资金、扶贫基金按4：3：2：1的权重分配的机制，盘活了产业基础、激发了创业动能。二是引入龙头企业，建立"企业+村集体+农户"的模式不仅实现了村集体经济的发展，而且带动了村民减贫。三是增强基层党组织组织力，通过"三会一课"等党组织活动提升党支部的组织力，在推进一些重点工作如"清产核资"的过程中发挥了基层组织敢于担当、敢于较真碰硬的作用。四是建立基层包保机制，提高扶贫精度和深度。五是编写村规民约，通过开展经常性群众活动，举行联欢会、晚会等喜闻乐见的文娱活动，把村民组织起来、把全村的思想凝聚起来。

所选择的磐石市石咀镇永丰村在推进脱贫攻坚过程中，有不少巧妙的制度创新，其主要经验启示有：一是发展特色产业，主动对接村外资源发展芦笋、光伏、花卉种植、食用菌、服装制衣等特色产业，实现了集体经济快速增长和农民增收，为减贫奠定了产业基础。二是创新"星级超市"基层治理模式，通过建立"星级超市"贫困户、党员、村民星级评定制度，针对贫困户、党员、普通村民等不同群体建立评价标准，以星级多少给予不同奖励，极大地激发了村民参与公共治理的热情。三是建强基层组织，通过包保贫困户、与贫困户结成帮扶对子、建立党群联建扶贫田等方式提高扶贫效力，密切了党群干群关系。四是发挥乡村能人作用，构建爱心奉献、文体娱乐、创业带富、矛盾排解、安全保障等五个专项服务组的志愿服务队和激励机制，形成了可持续的乡村志愿扶贫服务体系。

目 录

第一章　农安篇：讲规划，重党建，固强补弱　/ 1

　　一、村情　/ 2

　　二、扶贫成效　/ 2

　　三、农安县扶贫工作机制　/ 3

　　四、烧锅岭村扶贫举措　/ 9

　　五、党民"鱼水情"——对贫困户的采访　/ 17

　　六、不忘初心，一心为民——"第一书记"工作日志　/ 20

第二章　柳河篇：强队伍，谋发展，真扶贫　/ 31

　　一、村情　/ 32

　　二、脱贫攻坚前贫困状况　/ 32

　　三、脱贫攻坚成效　/ 33

　　四、谋发展，讲实效，大力开展产业扶贫　/ 37

　　五、强队伍，保成效——工作事迹纪实　/ 41

第三章　伊通篇：讲团结，务实干，见真情　/ 47

　　一、村情　/ 48

　　二、脱贫攻坚前贫困及症结状况　/ 48

　　三、脱贫攻坚成效　/ 49

　　四、重要工作举措　/ 50

　　五、讲团结，齐心协力共攻坚——工作事迹纪实　/ 54

第四章 长岭篇：齐心协力谋发展，健全机制奔小康 / 73

一、村情 / 74

二、贫困状况与症结 / 74

三、脱贫攻坚工作成效 / 75

四、工作举措 / 79

五、经验与启示 / 81

六、脱贫攻坚与乡村振兴衔接要解决的关键问题及对策 / 83

第五章 磐石篇：创产扶贫，壮大集体经济 / 87

一、村情 / 88

二、扶贫成效 / 89

三、主要实施的集体经济项目 / 89

四、主要的扶贫机制 / 91

五、主要的经验 / 93

六、政策实行情况 / 98

后　记 / 102

第一章

农安篇：
讲规划，重党建，固强补弱

农安县合隆镇烧锅岭村

一、村情

农安县历史文化悠久，位于东北吉林省，县域面积5400万平方米，人口共计120万人次，其中城镇人口30万人次，农村人口90万人次。共有22个乡镇，4个街道办事处，377个行政村，40个贫困村。烧锅岭村位于吉林省农安县合隆镇东部，距离镇中心7.5公里，南接宽城区兰家镇，东部隔伊通河与德惠相望。全村幅员面积10平方公里，辖7个自然屯12个村民小组，现有农户886户，人口3160人，党员43人，耕地面积642公顷，人均耕地2.2亩。

二、扶贫成效

自2015年年末精准扶贫政策下达之后，农安县建立了党政主管为第一责任人，各行业部门分工协作的工作机制，以项目建设、包保帮扶、基础工作扎实为特点，配合脱贫攻坚"百日会战、信访工作百日会战"问题整改等行动，将精准扶贫政策贯彻落实到位。目前40个贫困村中已有38个贫困村退出贫困，剩下的2个贫困村中共有117户298人尚未脱贫，预计明年将继续脱贫239人。

作为当年40个贫困村中的一员，烧锅岭村早在"十二五"、"十三五"期间就被评定为省级贫困村，人口多、耕地少、自然灾害频繁是烧锅岭村必须面对的现实。自精准扶贫开始，烧锅岭村紧跟农安县扶贫政策，从原来的贫困村到如今，垂柳金榆、果香蔬鲜，坐落在村中部的50个温室大棚鳞次栉比，连通着生机和希望，田间小路上的金榆垂柳交相辉映。烧锅岭村成功退出贫困村，目前集体经济得到长足发展，村民的医疗、教育、住房安全、饮水安全等均已得到保障，道路出行、卫生绿化条件也显著提升。

三、农安县扶贫工作机制

（一）领会精神，武装头脑，扎实推进促整改

习近平总书记关于扶贫工作的重要论述，深刻阐明了全社会参与脱贫攻坚、构建大扶贫格局的重要意义和实践路径，为打赢脱贫攻坚战提供了根本指引，注入了思想动力。

农安县自打响脱贫攻坚战以来，始终将习近平总书记关于扶贫工作的重要论述列为县委理论学习中心组的重要内容，坚持以上率下，层层抓好落实，切实把广大党员干部的思想和行动统一到党中央、省市决策部署上来，坚持用习近平总书记关于扶贫工作的重要论述武装头脑、指导实践、推动工作，确保脱贫攻坚成效经得起实践和历史检验。

在习近平总书记关于扶贫工作的重要论述指引下，农安县脱贫攻坚呈现出扶贫主体逐渐增多、扶贫模式不断创新、扶贫举措不断增强等特征，形成了专项扶贫、行业扶贫、社会扶贫互补的大扶贫格局，实现了由政府主导向多元主体参与扶贫的转变。

全县坚持突出问题导向，全力做好脱贫攻坚各类问题的整改。县委、县政府对中央专项巡视、国家脱贫攻坚成效考核反馈问题、省调研指导组反馈问题、市调研指导组反馈问题、市扶贫办调研反馈问题、"两不愁、三保障"突出问题整改高度重视，针对反馈问题，分别制定了整改方案、建立了问题清单和整改台账，扎实推进各类问题的整改落实。

（二）固强补弱，多点并进，解决短板扶民生

农安县狠抓政策落实，坚持找差距、补短板，各专项扶贫协调联动，凝聚合力，打好组合拳，真扶贫、真脱贫的良好态势日益显现。

住房保障。列入改造计划存量危房，各乡镇逐村逐户制定维修、新建措施，实现贫困户入住。对未列入改造计划的536户和1960户无房贫困户，采取投亲等办法安置解决的，目前已全部安置完成；对已改造但没达到入住标准的房屋，按时限完成整改，保证补助资金发放和贫困户入住，保证了所有建档立卡贫困户住户安全。

健康扶贫。全县建立贫困人口信息共享机制，确保健康扶贫政策不落一人；业务服务指导手册、健康宣传小广播，保证政策宣传到村到户；贫困户签约医生服务、"先诊疗后付费"、"一站式结算"等工作惠及民生；乡村医生每季度入户讲解健康扶贫政策，

开展免费义诊等服务百姓；落实贫困户健康扶贫"第三道防线"，确保救助准确无误；各部门各负其责，巩固健康扶贫"第五道防线"毫不松懈；村级卫生室开通新农合报销端口，进一步方便贫困群众就医。

教育扶贫。对所有建档立卡贫困在校学生实行档案管理，保证全县1626名贫困在校学生享受教育补助政策，补助发放无遗漏，因贫辍学不复出现；向所有贫困户印发教育扶贫政策宣传单，中小学教师已全部完成入户讲解。

安全饮水"望、闻、问、尝"普查全县8846户建档立卡贫困户的安全饮水情况，截至目前，存在饮水不达标问题完成整改86.2%，其他将在今年11月全部完成；县城周边乡镇44户饮水有问题的贫困户得到落实整改；全县所有集中供水站水质不达标的得以及时解决；每季度第一个月末前，采取"望、闻、问、尝"方法，对贫困户饮用的井水进行核查，有问题者及时报送相关部门研究解决。

（三）产业带动，拓宽渠道，精准扶贫创增收

为让贫困户真正实现项目创收，农安县积极在产业扶贫上做文章，把产业带动作为精准扶贫工作的重点来抓，采取整合项目资金、创新扶贫模式、拓展扶贫途径，不断提高扶贫成效。

规范扶贫资金使用及项目管理。2019年，农安县承接国家、省、市扶贫资金3616万元，落实扶贫项目24个。对2016年以来的所有扶贫产业项目逐个进行了梳理，采取"第一责任人"制，统筹项目落实，实现资金收益；实行"项目监管责任人"制，确保项目不出现闲置，项目设施不出现损坏等问题；对所有扶贫产

业项目的资金拨付、招投标手续、项目合同、运行管理等进行审计指导，发现问题及时整改。

全力开展产业发展指导和服务。全县在每个村成立产业发展指导员小组，并对产业发展指导员进行技术培训，对贫困群众的种植业、养殖业发展进行技术指导和服务，使贫困户真正在产业实施过程中持续受益。

（四）筑牢基础，强化保障，健全机制提质量

昔日的"难路"脱胎换骨变"通途"，铺就贫困户脱贫致富的"小康路"。完善基础设施、加强社会保障是脱贫攻坚的基础。今年，农安县加大资金投入，共承接国家、省、市扶贫资金3616万元，县级投入扶贫资金310万元，先后实施扶贫产业项目、危房改造、雨露计划资助、安全饮水、道路建设及新农村建设等，着力破解制约农村发展的"瓶颈"。

加快基础设施建设。农安县积极推进环境卫生整治、道路建设、文化广场、绿化美化亮化等基础设施建设。全县22个乡镇开展人居环境整治"百日行动"，投资2000余万元落实150个村级畜禽粪污收集中心建设项目。县政府协调资金520万元落实2个贫困村硬化路建设项目。

强化社会保障功能。农安县发挥就业、养老保险、金融扶贫等保障作用，为贫困人口残疾人办理二代残疾证；积极引导贫困人口参保续保，对16周岁（含16周岁）以上的贫困人口由乡镇负责组织缴纳养老保险费用，全县建档立卡贫困人口已办理养老保险的15353人；结合春风行动，开展40次技术培训和送岗下乡活动，培训贫困人口106人；新建立1个扶贫车间，吸纳贫困劳动力 5 人；新开发公益性岗位 68 个，实现"三无"贫困人口（无法离乡，无业可扶，无力脱贫的 18—60 周岁贫困群众）就业岗位 131 个；全县今年目前累计发放小额贷款 120.6656 万元，共计贷款 41 笔，贷款户数 41 户，到期还款金额 70.6 万元，无不良贷款。

（五）认真扶贫，务实创新

非贫困村，至少 3 名驻村工作队；贫困户家展示板信息齐全、一目了然；精准识别户挂门牌，进一步公开透明；扶贫产业项目每村至少 3 个；为防止返贫，乡村干部指导贫困户与子女签订赡养老人协议，村干部监督，子女赡养不计入脱贫收入；基础材料管理完备齐全。非建档贫困户分类：①贫困边缘户。也落实包保，给予一定的补贴。②非贫困户 A 类（带动力量比较强的致富带头人）帮助乡村干部扶贫；非贫困户 B 类（带动力不是很强，但自己生活得很好）不重点帮扶关注。③ C 类人员（与政府工作对立）由 A 类人员进行引导教育与宣讲相关政策。

吉林省农安县脱贫人口"回头看"：按照省市的安排部署，严格履行程序和步骤，对脱贫人口开展了"回头看"工作。全县新识别建档立卡贫困户 30 户 74 人，贫困家庭人口自然增加 227 人；贫困家庭人口自然减少 684 人，其中整户减少 210 户 244 人；清退 18 户 31 人。截至 2020 年 9 月 18 日，全县现有建档立卡贫困户 8649 户 17434 人，其中已脱贫 8504 户 17076 人，未脱贫 145 户 358 人。

（六）一鼓作气，预防返贫

农安县持续建立健全返贫风险防控、扶贫资金风险防控、脱贫攻坚指挥、网格管理、分类管理、扶贫培训宣传等机制，保证扶贫产业项目正常运行和稳定收益，进一步提升贫困群众对政策的理解和掌握水平，确保扶贫工作开展井然有序。

（七）农安县扶贫执行监管机制

吉林省农安县严查扶贫领域腐败。2016 年，县纪委根据群众举报线索组成调查组进村挨户调查，发现 50 个大棚 32 户共计 20 万元的财政扶贫资金只发放了 31 个大棚 22 户 7.6 万元。贪污挪用财政扶贫资金的村支部书记和村报账员被依法处理，并追缴了违纪资金，镇财政所因监管不力也被追责。新的村委会领导班子上任履新，镇上还配备了专职纪委书记，村里的大事小情统统走"四议两公开"程序，透明而有序。

2016 年以来，农安县重点整治和查处扶贫领域侵害群众利益的不正之风和腐败问题，信访量下降明显。以直接管理扶贫事务、直接服务困难群众的环节岗位和关键人群为重点，农安县纪委对涉及扶贫领域和侵害群众利益的问题进行梳理和研究。"案件不再下放乡镇办理，而是由县纪委明确到室、划分到人，限时办结，实行问题线索台账式管理，办结一件销号一件。"县委常委、纪委书记崔博说，2016 年全县共有 59 件反映侵害农民利益问题的线索，通过集体排查，有 26 件具有可查性，目前已全部查实查清处理。针对扶贫领域虚报冒领、截留私分、挤占挪用、挥霍浪费等问题，农安县细化完善各项制度。2016 年乡镇领导班子换届，全县 22 个乡镇全部配备专职纪委书记，而此前纪委书记由乡镇党委副书记兼任。"这一锅就煮八块排骨，现在掀开了。谁吃了，哪去了，群众瞅着你、纪委监督你、制度规范你。扶贫领域每分钱每件事必须都清清爽爽。"农安县农安镇群众对村支书刘忠义说，"如果还有谁动扶贫领域资金的歪念头，那就是大糊涂"。吉林省农村人口多、农村干部多、惠农资金多，扶贫领域中雁过拔毛、违规承包经营农村土地中饱私囊、农机购置补贴虚报冒领等，是群众感受最深的"切肤之痛"。2016 年，吉林省纪委印发《关于加强扶贫领域监督执纪问责工作的意见》，并对 1500 名新任乡镇纪委专职干部进行了培训。像农安县一样，吉林省各地聚焦痛点，拔除病灶，全省纪检监察机关共查结扶贫领域侵害群众利益问题 138 起。

四、烧锅岭村扶贫举措

（一）规划先行

一直以来烧锅岭村受到省、市、县委的高度重视，主要领导和相关部门多次到村上进行调研并指导、部署工作，几年来的发展更是离不开上级部门的支持与扶助。上级部门和领导在帮扶部署工作会上，市建委帮扶领导小组、各相关处室负责人、高新区主要领导、合隆镇党政领导和烧锅岭村干部从现实出发，以未来发展为契机，研究制订详细规划。一是村屯规划深度完善。重点突出示范引导，注重完全可复制的新农村建设模式，村党支部要按照规划的近期、远期目标开好村民代表会议，把落脚点放在群众满意上。二是稳步推进当前重点工作。要站在服务大局上，把三条道路建设作为烧锅岭村对外辐射的枢纽工程。推进苗木基地建设，与市园林局合作，积极引导转移剩余劳动力到"一、二、三"产业中实现就业。三是启动"双包双转化"。派驻"第一书记"，重点抓好双联工作、基层党组织建设、美丽乡村建设、产业发展、民生服务等各项重点工作。合隆镇党委、政府将尽最大努力去倾斜扶持和推进，坚持实事工程引路，解决了群众最关心、最迫切的难题，全力凝聚力量，变输血为造血。有了总体规划就有了前进方向，有了多方谋划就有了改革的动力。烧锅岭村在多方力量融聚下，逐步探索出属于自己的一条新道路。

（二）党建引领，保障为本

烧锅岭村重视党组织建设，强化党的领导，充分发挥党组织的战斗堡垒作用和党员的先锋模范作用，是一切农村工作的基础。烧锅岭村党总支通过全面落实习近平总书记重要指示精神，认真贯彻上级党委决策部署，大力开展"两学一做"学习教育，以时不我待的决心和除旧布新的勇气打赢烧锅岭村产业发展和脱贫攻坚战。

及时落实帮扶措施，确保"两不愁、三保障"达标。一是提升医疗保障水平。保障贫困人口参加新型农村合作医疗全覆盖；继续落实上级各项健康扶贫政策；实施"一站式"服务，对贫困人口大病实行分类救治和先诊疗后付费的结算机制；对贫困人口100%建立健康档案、100%配备家庭签约医生、100%进行慢病管理，签约医生每月为贫困患者免费对症送医送药1次。二是提升教育保障水平。落实好就读幼儿园、中小学中职学校、大学

（含大专、高职）的贫困在校生资助政策不漏1人；对贫困在校生乘坐校车费用予以补贴，对特困家庭的学生，动员社会力量进行资助，确保不出现因贫辍学的学生，着力阻断贫困代际传递。三是提升住房安全保障水平。

一直以来，烧锅岭村党总支坚持把党员聚拢起来、把组织强化起来、把服务提升起来的总要求，推动"三会一课"和组织生活会，在发展产业的同时通过丰富多彩的党日活动来激活党组织的凝聚力和向心力。一个支部一面旗，一个党员一盏灯。烧锅岭村的党员在党总支的培养、教育下，坚持贯彻各项扶贫政策，细心帮扶贫困户。由于村上的大部分贫困户都是因病致贫、因残致贫，在生活上有很多困难，所以全村党员自愿发起，每月为贫困户打扫一次卫生。党总支还为每家每户送去了被褥、衣服等必要的生活用品。村上有6户贫困户房屋虽不是危房，但是老旧失修，村里统一组织给他们维修了房屋，改善了居住条件。看着焕然一新、窗明几净的屋子，盖着保暖的被子，贫困户脸上都露出了笑容。通过各方努力帮扶2位学生顺利入学，同时联系市建委，把扶困助学"代理妈妈"活动设立在烧锅岭村，决定每人每年资助2000元助学资金。贫困户生活好了，烧锅岭村就变好了。

上级大力支持农村脱贫致富。随着扶贫工作的不断深入，通过组织下派，烧锅岭村迎来了由长春市建委派出的"第一书记"，他认真把脉村情民情，同村党总支一道，研究制定了抓党建促发展助脱贫的可行帮扶措施。对贫困户做到包保单位每月走访一次。3年来各包保单位共计走访贫困户480余次，为贫困户送慰问金及慰问品共计21万元左右。根据贫困户的实际情况，利用"第一书记"扶贫经费，给村里6户贫困户修缮了房屋，改善了他们的居住环境，为10户特困或疾病、死亡贫困户给予补助共计6500元。开展"代理妈妈"扶困助学活动，对建档立卡贫困户中3户有在校学生的3名学生（目前已减少至2名）每人每年资助2000元助学金。目前，已经资助10000元。

按照组织要求和工作需要，2018年长春市建委更换了驻村"第一书记"及驻村工作队员。一年来，"第一书记"及驻村队员能够按照上级要求，努力工作，尽职尽责，爱岗敬业，较好地完成了各项工作任务。一是认真学习相关政策，快速进入角色，多方汇总扶贫工作相关政策材料，尽快熟悉扶贫业务，熟悉工作环境，与村干部及贫困户打成一片，熟悉掌握贫困户基本情况，做到接地气。二是按照"第一书记"职责及驻村队员职能全方位开展工作，包括加强基层组织建设、按时入户走访、宣传扶贫政策信息及更换相关表格数据、配合市委各包保单位进行走访慰问、积极参与贫困户收入确认、居住地信息采集、农产品代言及销售等工作。三是遵守纪律，严格按照组织要求进行驻村，克服各种困难，不怕苦不怕累，保证驻村时间，在市委组织部和市扶贫办的多次暗访检查中表现优异。

走在帮扶的路上，最幸福的事情是看到贫困户家里有改观。巡回到所有贫困户家中，挨家挨户进行核实，填写核查表，由贫困户亲自签字确认，确保各项数据真实有效；走在帮扶的路上，最温暖的事情是更多力量融入脱贫助贫，以推动产业发展为动力帮助贫困户增收，采取由村负责流转、代耕等模式，种植经济作物，提高家庭收入；走在帮扶的路上，最欣慰的事情是贫困户看到希望和曙光。烧锅岭村采取"用工＋分红"模式运营。加强转移劳动力，帮助贫困户脱贫。如果一个村有强大的组织力量，有团结的群众基础，有充分的改造动力，那么骤变就在眼前。

（三）能人带动

时间的钟摆调回 2013 年，看到烧锅岭村逐渐成为贫困村、落后村，在北京创业已经颇有起色的宋晓飞毅然决然地把自己的企业交给家人管理，回到家乡，带着全村人的期望和心底的那份执着，干起了村党总支书记。本来家人并不同意他来竞选村长，因为之前在北京经营的小本生意很红火，积累了很多经验之后，规划好做餐饮企业，但是他坚持回村建设。并且对村内的发展有自己的规划和计划。从组建班子开始，从立下新规、制订新计划开始，从下屯访户开始，就这样，宋晓飞的村书记历程起步了。在最初实施工作期间，并不是特别顺利。最初农民之间发生土地纠纷，村民并不信任他，都说他不懂土地让他回去，而后他通过开会讨论与大家一起解决了这个事情。还有攀比"五保户"的村民，虽然不够条件，但还是要求办理低保户。当他按照要求拒绝办理后，村民对他的意见也很大。但是通过他耐心地讲解之后，说服了这一部分村民。

宋晓飞认识到烧锅岭村的贫困人口都是因病致贫、因残致贫的，劳动能力弱，只有极少部分能从事简单的轻体力劳动，通过自身劳动脱贫的路子走不通，还是要从包保人补助和集体经济补贴两个方面想办法。而通过发展集体经济，使村集体有固定的收入，是实现精准脱贫的唯一途径。烧锅岭村位于长春市区近边，农产品运输距离较近，但村民以种玉米为主，经济作物较少，经"第一书记"与村班子研讨，一致认为因地制宜、发挥区域优势、大力发展种植业和养殖业，发展生态种植、提供集体经济活力是烧锅岭村脱贫的有效途径。整体思路就是以开发式扶贫、造血式扶贫为主要方式，从项目建设、基础设施建设、文化设施建设三个方面入手，提高贫困村的基础设施水平、集体经济水平和文化建设水平，"输血"与"造血"相结合。充分发挥村集体的主观能动性，通过资金投入、项目支持，从发展集体经济入手，增强村集体的"造血"功能，保证扶贫资金收益。

烧锅岭村最终决定发展棚膜经济和肉牛养殖两个项目作为初期发展的特色产业。烧锅岭村的帮扶单位积极负责、带头调研，争取项目扎实开展。长春新区党工委书记孙亚明是烧锅岭村的市级包保领导，多次亲自带领市建委、市国土局和长春新区等相关部门来村里现场办公，极大地推动了烧锅岭村的产业发展和扶贫工作。市建委作为烧锅岭村的包保单位还成立了领导小组，为村集体经济和新产业发展提供保障。烧锅岭村书记宋晓飞和包保领导到长春等地了解新兴种养殖技术，培育村上致富能手，为全村产业发展奠定人才基础。人才和技术是产业发展的"双驱"，宋书记十分重视双驱人才，对于技术型人才往往都视为"老师"。

（四）产业助推

在村党总支书记宋晓飞的争取下、在"第一书记"的努力下，烧锅岭村产业发展发生了翻天覆地的变化。经"第一书记"和市建委协调，2015年投入70万元建成20栋大棚约12000平方米，2016年投入70万元建成9栋大棚约11000平方米；市建委2016年协调社会资金240万元建成5栋温室约4000平方米、5栋大棚约6000平方米，2018年年末县农业局投入33余万元建成11栋大棚约11000平方米。大棚建造出具规模，全村人的干劲高涨起来。2016年4月，烧锅岭村利用大棚开始种植葡萄和香瓜各0.9公顷，考虑到葡萄3年后才有收益，便奇思妙想在葡萄苗空隙间种植起香瓜来，让空间不浪费，资源不流失。到2016年销售额便达到10余万元，第二年宋晓飞便开始决定单独种植9栋大棚共1.1公顷的香瓜，销售额提升到24余万元。2016年年初在棚区西侧空地栽植6公顷苗木，栽有金叶榆、垂柳等绿化树，2017年年末卖出，毛利润105万元。2017年春季流转16公顷土地，改变种植结构，种植高粱，村集体收入20.7万元；秋季出售杨树苗34万棵，村集体收入约102万元。烧锅岭村党总支坚持造福民生，2016年为贫困户每户分红1000元；2017年为贫困户每人分红1800元，2018年为贫困户每人分红2000元，党组织堡垒作用时刻体现，党员风采在无声中升华。

2016年11月末利用农安县扶贫资金70万元购买了35头育母牛和10头繁育肥牛，2017年出售12头，2019年出售17头，累计销售金额28.3万元，现存栏90头，但由于存栏数量增加，圈舍面积受限、圈舍拥挤，2017年申请农安县投入203万元、市建委投入扶贫专项资金40万元用于新牛舍建设，解决制约肉牛养殖项目的"瓶颈"，已于2018年9月19日投入使用。

2018年1月烧锅岭村成立了众赢农业有限公司，主要经营项目有特色香瓜、有机蔬菜、葡萄等经济作物。并提前协议大棚分红收益与村长无关，归集体所有。棚膜经济由村委会成员集体负责、监督，每个人都有专门分工。棚膜经济的产品销售由村委会联系，村民监督委员会部分党员以及村代表大家一起询价（农产品市场价格，小商小贩价格，厂家价位），整体效益高。棚膜经济雇用贫困户打工，基本雇用贫困户人员为在60岁以上，缺少劳动能力的贫困户或者有残疾的贫困户，最高雇用贫困户12人，年收入高达19000元。烧锅岭村发展了几年的棚膜经济现在已经初具规模，村党组织决定利用一部分收益及帮扶资金进行扩大再生产，宋书记运用多年的经商经验，让村上的棚膜经济走上了公司制的道路，使村集体经济的发展更具规模化和规范化。

专栏1 合隆镇烧锅岭村扶贫产业项目收益分配公示

为贯彻落实农安县扶贫产业项目收益分配额度及分配标准管理条例，对贫困户实施精准化扶贫，现将2018年扶贫产业项目收益分配情况公示。项目总收入400597.8元，费用支出233231元，利润167366.8元。其中138000元，用于贫困户分红。为40户69人贫困户每户2000元。结余29366.8元用于设施维护及扩大再生产。

（五）惠及民生，深化脱贫

在2016—2018年这几年里，烧锅岭村的民生事业出现了大跨越。先后协调中庆建设集体投入资金70余万元，高水平建成了3000平方米的活动广场，并且协调长春新区投入资金升级了文化广场；协调市建委进一步完善温室并提高了标准，现已投入使用；2018年由长春市建委维管中心投资67万余元，组织建设村西南文化广场。该广场占地面积约为1900平方米，包含全民健身器材、篮球场、休闲亭、路灯等设施。协调市建委投资建设5栋阳光大棚计6000平方米，今年已取得较好的经济效益；协调县交通局投入资金270余万元修建4.8公里水泥路,实现了7个自然屯水泥路屯屯通;协调省住建厅投入120万元,对105户进行农村厕所改造;协调市财政资金60万元,安装太阳能路灯225盏;协调市环卫局提供垃圾清运车1台,用于整理村屯卫生。在大家的共同努力下,各项扶贫工作任务圆满完成,在扶贫成绩中得到了肯定,扶贫工作综合排名位居农安县前列。谁曾想,几年前的烧锅岭村还是个大家说起来都直摇头叹气的"软弱涣散村",短短三四年后,就有了这样人人称赞的变化。

五、党民"鱼水情"——对贫困户的采访

杨春清63岁,烧锅岭村人,患有脑梗塞、糖尿病,被认定为二级残疾,杨大妈61岁,患有心脏病,2016年此户被认定为建档立卡贫困户。走到杨大爷家门口,首先映入眼帘的是大门上贴的"美丽庭院"扇形的一个黄金色牌子,美丽庭院四个字下面有五颗星,其中有三颗星是红色实心。五星下面写着"合德镇人民政府颁"一行黑色文字。进院后,四四方方的院落错落有序,院子虽然不大但很是干净,院子里种满了豆角、白菜、萝卜等绿色蔬菜,几只鸡鸭在悠闲地觅食,甚是祥和安逸。内屋的门上则贴着一个长方形黄金色门牌,牌子上写着"精准扶贫户"五个黑色方块字,左上角是红色的精准扶贫标志,右下角写着"合德镇人民政府"一行字。村长带领我们进屋,向杨大妈介绍我们的来历,杨大妈很热情地让我们就座,并忙活着给我们找凳子、搬椅子。在炕的一角坐着一位老人,头发花白,目光呆滞,我们向他问候,他并没有任何的反应。村长告诉我们,老人身患疾病语言

表达上有问题。杨大妈向我们介绍，这位老头是她的丈夫，其实他们两个只相差两岁，由于老头常年疾病缠身才显得很是沧桑。

"我们家本是一个幸福的家庭，一儿一女，儿子结婚女儿出嫁，可是天有不测风云，在儿子31岁那年突发车祸去世，"杨大妈悲伤地向我们说道。"儿子去世后，我们整个家像是塌了天，老头由于悲伤过度又患上了脑梗塞。"杨大妈接着说道。在炕角安静坐着的杨大爷突然呜呜地哭起来，眼泪鼻涕口水布满了脸颊，杨大妈一边拿着毛巾擦拭一边安慰着他，我们也上前安慰，杨大爷笨重地举起颤抖的手，像是诉说着什么，当抓紧杨大爷冰凉的手时，一股莫名的感动涌上心头。杨大妈伤感地向我们解释说："老头一听到有人说他的儿子就止不住地流泪，如果不是儿子出事我们家也不会这样。"在杨大妈的劝说下，杨大爷才平静下来慢慢地松开了紧握的手。在墙上有一对年轻夫妇的婚纱照，郎才女貌，满面春光。

杨大妈还向我们介绍到，儿子去世后儿媳留下一个小孙女就改嫁了，老头患病需要人照顾，自己有心脏病也不能下地干活，家里仅有的6亩地就流转出去了。孙女今年16岁了，目前跟着姑姑在松原市上高中。"我们实在没有能力照顾孙女了，只能让她姑姑照顾了，"杨大妈满怀愧疚地说道。当我们问到杨大妈村子里分红情况时，大妈向我们介绍到，她们家2016年被认定为建档立卡贫困户，当年分了1000元，2017年村子里的棚膜经济和养牛分红3600元每人1800元，2018年分红每人2000元，她们家分了4000元。她指着墙上的牌子得意地向我们说道："上面都写着呢，你们自己看吧。"村长进一步向我们解释道，这就是他们县做的展示板，展示板里有贫困户的一切详细信息，包括致贫的原因、帮扶包保干部、享受到的政策以及每年的收支和分红情况等。

村长还说道："因病致残是我们大多数贫困户致贫的主要原因，所以我们把健康扶贫作为工作的重中之重。"在展示板的一旁我们也看到相关健康扶贫的宣传，看病"120"，"1"是指住院医疗费自付10%，"2"是买药自付20%，"0"是住院0押金。服务"111"是指"一人1份健康档案，'一人1策'治疗方案，一家1个家庭医生团队"，宣传栏里还表明村、乡、县三级家庭医生的姓名和联系方式。杨大妈动情地向我们说道："多亏了党和国家对我们照顾，如果没有国家的帮助我们都不知该怎么过了。"当我们问到是否有帮扶干部来家时，杨大妈激动地说："他们太勤快了，一进门就帮我扫院子，你们可以看出我不是埋汰的人，每月来家坐坐聊聊天我就很高兴知足了，"杨大妈满脸洋溢着幸福的笑容。虽然杨大妈的屋子的装置很简单，但是却很干净和有序，窗台上长寿花、蟹爪兰、多肉等花卉一片生机勃勃，地面和被褥也甚是整洁。杨大妈把我们送出门外，我们夸她院子收拾得干净，"美丽庭院"受之无愧。杨大妈说这个房子是杨大爷生病之前盖的，她平时不能干累活就种种菜、养养鸡鸭，收拾收拾院子，关于"美丽庭院"的称号她也很自豪……

六、不忘初心，一心为民——"第一书记"工作日志

驻村日期	开展工作情况
2019年4月1日	继续参加全市副处长培训班，学习内容：总结国家安全观统领下应急管理提升，把好法律舵盘
2019年4月2日	继续参加全市副处长培训班，学习内容包括旗帜鲜明讲政治，着力提升政治能力
2019年4月3日	继续参加全市副处长培训班，学习腐败工作情况，职务犯罪问题，关注典型案例，领导干部心理问题调解
2019年4月4日	参加全市副处长培训班结业式和考试；同综合处沟通扶贫工作和负责扶贫综合协调工作的孙久强沟通
2019年4月5日	休息
2019年4月6日	休息
2019年4月7日	休息
2019年4月8日	给驻村工作员开会布置近期相关工作，同宋书记研究卖树及城投合作工作
2019年4月9日	与刘生联系，能否为村销售部分树苗；与城投董事长联系，村镇宋书记到城投商讨有关问题，向镇里传达工作总结；陪同市政院进入专访、交流
2019年4月10日	根据机关党要求，协助机关党建促进扶贫工作任务及部分相关材料，为李建主任调研做准备，完善2016年和2017年经济数据，到大棚看西红柿秋移栽情况
2019年4月11日	与驻村人员研究讨论近3年来项目具体情况，制定相关表格，了解几户贫困户生病情况，同机关党委沟通扶贫工作
2019年4月12日	按照上级要求，与村干部研究落实软弱涣散检查相关工作，准备相关材料，联系下周镇长到城投集团研究乡村规划工作
2019年4月13日	休息
2019年4月14日	值班，接乡镇通知，准备迎接上级对软弱涣散工作检查
2019年4月15日	陪同合隆镇林镇长、宋镇长到城投集团与曹文生及相关领导讨论村镇规划及问题，在机关党委领导会议相关内容，研究部署
2019年4月16日	将昨天村里与城投集团会议内容进行整理，部署做好近几年扶贫项目统计系相关表格资料，联系书苗销售工作

续表

驻村日期	开展工作情况
2019年4月17日	同宋书记研究如何落实推进与城投集团合作相关事宜，催促各单位及时开展走访工作，研究扶贫相关问题
2019年4月18日	接委里通知，李长城主任明天到村里进行调研工作方案，初步定下周一至周三之间到村里调研，同村干部研究材料，同村干部一起修改完善资料
2019年4月19日	接通知，李长城主任到村里调研走访，并协调村干部通知镇领导届时参加
2019年4月20日	休息
2019年4月21日	值班
2019年4月22日	同委里研究树苗销售工作，上传相关图片，3种树龄、生长情况相关事宜，争取完成销售工作，下午参加全村党员大会、生活会，扫黑除恶调查问卷
2019年4月23日	李长城主任及相关处室到村里调研，专访慰问，研究昨天错填的陈家店扶贫工作，同委里领导一同研究下一步扶贫工作方向
2019年4月24日	落实长城主任昨天调研内容以及2名贫困同学情况，陪同镇领导到陈家店调研，商量南村乡村建设规划
2019年4月25日	陪同质检站，造价站建管中心，走访慰问，研究到陈家店的调研情况，联系相关人员拍摄到陈家店视频，宣传手册的资料交到城投集团进行交流
2019年4月26日	与书记一起研究下一步大棚种植情况，陪同路灯处、征收办、档案管进村走访慰问，到牛棚与村里卖牛
2019年4月27日	休息
2019年4月28日	按照上级要求，准备组织部检查的相关材料，复习相关党建知识，同委里联系，确定近期一段时间内继续解决的几项扶贫工作，同村干部研究镇里下发的扶贫实施工作
2019年4月29日	按照上级要求，继续准备检查相关材料，背诵有关党建知识，与村干部研究扶贫实施办法，总结走访情况，与书记一起研究下一步计划
2019年4月30日	同委里沟通树苗销售工作，争取五一后完成，同驻村人员安排五一休息情况
2019年5月1日	休息
2019年5月2日	休息
2019年5月3日	休息

续表

驻村日期	开展工作情况
2019年5月4日	休息
2019年5月5日	接委里通知，同村里研究百村引导，千村示范工作，准备上级材料，再次确认树苗问题
2019年5月6日	与村干部商量，初步确认本周进行树苗移植，与村干部商量百村引导千村示范相关材料，研究村里环境问题
2019年5月7日	与镇党委顾书记沟通研究于东宇入党问题，与村干部研究党建问题相关工作
2019年5月8日	参加村民大会，落实殡葬相关政策，与小于研究建委三四年来扶贫工作材料，到达皮鞭查看秋苗生长情况
2019年5月9日	与村干部研究，初步定于明天开始移植树苗，地点位于两个广场周边，研究扶贫PPT材料及格式，联系代理学生"一对一"帮扶工作
2019年5月10日	与委里相关处室沟通近期扶贫工作，到大棚查看秋苗工作，参与抗旱工作
2019年5月11日	值班
2019年5月12日	休息
2019年5月13日	大棚周边树苗已经开始移植，学习近期上下级党建扫黑除恶文件。与村里一起交流扶贫工作
2019年5月14日	向各单位下发五月走访通知，并提醒各单位做好六月上旬端午节前的慰问工作，接到长城投资集团通知，明天集团投资融资。绿地部门人员到村里进行实地勘探，小于及村支书研究委里工作
2019年5月15日	接到调研通知，与村镇相关领导研究相关材料，参与树苗移植工作，接到长城投资集团通知，明天集团投资融资。绿地部门人员到村里进行实地勘探，小于及村支书讨论接待工作
2019年5月16日	接待长城投资曹董事长调研组进村调研，对土地规划，集体经济项目进行调研，合隆镇林镇长带镇相关部门领导参加
2019年5月18日	值班
2019年5月19日	休息
2019年5月20日	了解近期雨后旱情缓解情况，大棚作物生长情况，查看牛养殖情况，学习党建材料，为下一次党课做准备
2019年5月21日	接上级通知，市有关领导近几天可能到村里视察，由村干部研究迎接工作，集中对村环境进行清理，与城投集团联系新农村建设治理

续表

驻村日期	开展工作情况
2019年5月22日	与驻村干部研究落实省委关于加强扶贫工作及驻村干部管理的相关问题，督促各单位尽快完成本月的扶贫走访工作，协助做好村环境清理工作
2019年5月23日	回长春与太平保险公司宋经理协调村里大棚受灾赔偿事宜，回委里向长城主任汇报近期扶贫工作
2019年5月24日	和村书记反馈昨天与保险公司商谈情况，接待征收办、建管中心等各单位五月走访慰问，到合隆镇同长城投资及镇领导研究新农村建设方案
2019年5月25日	值班
2019年5月26日	休息
2019年5月27日	研究落实上周五长城投资及镇领导对接相关工作，查看建委扶贫工作汇总材料，接待质监站等单位扶贫走访
2019年5月28日	陪同路灯处等单位进行五月走访，与机关党委联系，读物各单位五月走访，并在下周前完成端午节慰问，与单位沟通买一辆电动车，方便进村走访
2019年5月29日	陪同执法支队、档案馆等单位走访；参加全村大会，向驻村人员按时转述相关文件精神，同刘生沟通今年村项目进展情况
2019年5月30日	接待委里陈主任等单位对贫困户进行端午节走访慰问，按照镇里通知，与工作队员一起研究落实工作，同机关党委及各处负责人通知相关情况，确保省暗访以市扶贫办检查合格
2019年5月31日	接待市扶贫检查组到村里检查，下午回建委和机关党委刘生研究扶贫工作
2019年6月1日	值班
2019年6月2日	休息
2019年6月3日	准备李建主任近期可能入村慰问的相关材料，与小于队员改善经济数据统计表部署扶贫调研报告
2019年6月4日	同小于研究组织部下发的关于撰写扶贫调研报告文件，准备相关材料，尽快与村干部商讨大棚受灾赔偿事宜，督促尚未进行端午节慰问工作
2019年6月5日	委里近期研究召开扶贫工作会议，与机关党委研究相关材料，配合城科所、档案馆等单位完成走访慰问
2019年6月6日	参加体检，回委里和机关党委汇报近期工作；下午残疾合隆镇扶贫会
2019年6月7日	休息
2019年6月8日	休息

续表

驻村日期	开展工作情况
2019年6月9日	休息
2019年6月10日	落实上周镇里扶贫工作，与队员一起研究相关表格，与村干部研究香瓜销售工作
2019年6月11日	与机关党委研究相关销售工作，向村干部通知相关情况，与驻村队员研究近期相关表格及文件，做好省农业局检查准备工作
2019年6月12日	与驻村人员一起研究扶贫调研材料。督促机关党委关于市里需要的相关表格。继续联系香瓜销售事宜。召开驻村队员工作会。部署近期工作
2019年6月13日	与村干部研究下一次香瓜销售工作。同机关党委联系，尽快上报相关材料及表格。联系工作人员买自行车。汇总端午节走访情况
2019年6月14日	拍摄村里环境的照片和视频，与小于研究扶贫工作调研报告。确定初稿。按时间向组织部汇报
2019年6月15日	值班
2019年6月16日	休息
2019年6月17日	汇总前期县里要求相关表格。与工作队员一起入户完成贫困工作回访表格。与城投集团联系相关销售事宜。陪同卫中心走访
2019年6月18日	继续与工作队员一起入户完成扶贫照片。汇总表格贫困户及相关情况。回到委里。需要找领导签字回访表格
2019年6月19日	陪同林镇长及村书记到农安县。参加扶贫座谈大会并发言。联系销售工作确定明天给城投集团送300箱香瓜
2019年6月20日	联系城投人员送到300箱香瓜。同村干部到香瓜大棚参加劳动。回到委里与领导反馈
2019年6月21日	值班
2019年6月22日	值班
2019年6月23日	休息
2019年6月24日	接县委组织部通知全县村书记扶贫工作会议推迟。协助村到各贫困家张贴露雨计划政策清单。并讲解相关政策，督促未完成六月走访的各单位进行走访工作
2019年6月25日	与机关党委研究市扶贫办下发的扶贫工作文件以及相关表格，研究如何完成。陪同路灯处安全处进行入户完成走访

续表

驻村日期	开展工作情况
2019年6月26日	与机关党委研究市扶贫办下发的扶贫工作文件和相关表格研究。特别是医疗政策，派小于协助各单位完成相关表格
2019年6月27日	督促尚未完成六月的几家单位尽快完成走访。给驻村人员开会。强调重视近期各级检查暗访。继续张贴小额贷宣传单
2019年6月28日	回村里沟通是否援助村里设立限高杆，向长城主任汇报近期工作
2019年6月29日	值班
2019年6月30日	参加全村七一党员大会，在会上向全体党员讲党课
2019年7月1日	和小于研究半年的工作，总结汇总七一党员大会相关资料，学习近期扶贫办下发的扶贫政策
2019年7月2日	统计整理全村扶贫用户低保，五保，生病及残疾情况。与驻村队员一起研究七一党员大会资料。与机关联系促进单位为贫困户买鸡工作
2019年7月3日	参加县里组织部对镇街干部的考评。同小于梳理村里危房及改造材料。整理村扶贫相关知识
2019年7月4日	同太平洋保险公司负责人联系大棚赔偿工作。准备进一步检查相关资料。继续完成"五保户"录入工作
2019年7月5日	与孙联系，了解李健主任研究情况。同机关党委刘生联系研究贫困户送鸡工作
2019年7月6日	值班
2019年7月7日	休息
2019年7月8日	落实上级养殖指标完成工作。并在村里对残疾人贫困户进行调查统计。准备李健主任所需的相关材料
2019年7月10日	李主任及建委相关人员同农安县领导以及合隆镇领导到村里召开农安县危房政策观察会。听取农安县相关工作汇报。听取村里扶贫攻坚工作情况。到牛舍参观检查。到"五保户"家进行走访慰问，为8户养殖意愿的贫困户，每家送30只鸡
2019年7月11日	汇总昨天李主任调研相关情况，联系机关孙处长催促树苗款问题。与工作人员研究两篇信息
2019年7月12日	回到委里联系相关工作。与近期驻村销售单据，工作人员，联系落实农安县扶贫工作会议精神
2019年7月13日	值班
2019年7月14日	休息

续表

驻村日期	开展工作情况
2019年7月15日	汇总村里葡萄情况。同村干部沟通，向部委汇报葡萄销售工作。与村民汇报村里建池工作
2019年7月16日	取葡萄样品送到建委机关党委，协调销售事宜。向刘生汇报近期扶贫工作小结，开驻村工作会议，安排近期工作
2019年7月17日	农安县城建局到村里实地考察垃圾池修建工作。接县委通知，准备明天参加全县扶贫大会。同刘生研究葡萄销售及采摘活动
2019年7月18日	到县里参加全县扶贫工作会议
2019年7月19日	向部委汇报近期扶贫工作会议。联系葡萄销售工作，报销近期补助
2019年7月20日	值班
2019年7月21日	休息
2019年7月22日	开展驻村工作会议。转述上周县扶贫工作会议相关精神，对国家扶贫工作部署要求进行讲解。进一步熟悉情况宣传政策。准备在机关领导主持下召开扶贫工作会议。指定小童负责葡萄销售工作
2019年7月23日	汇总扶贫材料及表格，列出座谈提纲，准备参加明天在委里召开扶贫工作会议。联系葡萄销售工作。同县长联系垃圾收集工作
2019年7月24日	按照部委要求同小于回委里参加扶贫工作会议，向各单位传达近期扶贫工作要求
2019年7月25日	与宋书记一起和农安县城建局研究，继续与刘生研究葡萄销售工作
2019年7月26日	与刘生协调葡萄销售工作，已定销售400箱，200公斤，最终统计放在下周完成
2019年7月27日	孙县长到村里调研扶贫工作和驻村干部加班
2019年7月28日	休息
2019年7月29日	陪同质监站路灯处，档案馆建管中心入户走访宣传扶贫政策，同村干部研究垃圾箱问题。到大棚查看葡萄生长情况，研究运输问题。汇总购买协议，准备周三发货
2019年7月30日	组织第一批葡萄运送。卫管中心、质监站等单位运送300箱，陪同入户走访。回到部委村工作人员名单
2019年7月31日	统计第二批购买葡萄数量。与大棚人员确定装运细节，陪同部分单位进行走访

续表

驻村日期	开展工作情况
2019年8月1日	接待市政院来村里慰问,并接收第二批电动车。汇总昨天葡萄销售情况,为下一批葡萄销售做准备。与县城建局联系垃圾箱修建工作
2019年8月2日	向部委机关路灯处长城投资单位运送第二批葡萄约1400公斤。接通知参加全市扶贫工作会议,接通知准备下周参加长春电视台组织的"第一书记"访谈节目
2019年8月3日	值班
2019年8月4日	休息
2019年8月5日	召开驻村人员每周例会。总结葡萄销售上个月走访慰问工作,研究近期工作安排,准备明天电视台访谈相关材料汇总葡萄销售账目
2019年8月6日	到长春广播电视台参加由市组织部和长春电视台组织的永远在路上节目。介绍烧锅岭村扶贫工作情况
2019年8月7日	与驻村人员汇总近期葡萄销售情况,处理账目向村干部交接销售款。填写葡萄销售信息
2019年8月8日	传达镇里扶贫工作,"回头看"工作方案。要求队员认真落实。联系保险续约工作
2019年8月9日	与刘生联系结清剩余葡萄款。与村干部对葡萄销售账销售工作完成
2019年8月10日	值班
2019年8月11日	休息
2019年8月12日	与刘生联系,为村干部协调报销工作,同村干部研究大棚保险工作
2019年8月13日	接镇里通知落实两个方案,准备对驻村干部安排工作与孙联系树苗款问题
2019年8月14日	接镇里通知开始对贫困户进行动态调整,按要求撰写驻村工作队述职报告参加测评
2019年8月15日	参加镇里,组织部门到村里对"第一书记"和驻村人员半年工作考核。与农安县城建局负责人研究村垃圾箱制作问题。询问村里近期情况
2019年8月16日	回部委同刘生研究扶贫项目工作。一起与社会福利组织研究贫困户福利
2019年8月17日	值班
2019年8月18日	休息

续表

驻村日期	开展工作情况
2019年8月19日	接机关党委通知落实家乡有求我来帮活动，查看村里情况，为驻村干部请假
2019年8月20日	同刘生研究家乡有求我来帮项目，与村里研究联系签署葡萄合同
2019年8月21日	同孙处长和城投付总研究扶贫工作补签树苗销售协议。争取在中秋节前完成
2019年8月22日	镇扶贫办到村里指导扶贫用户建档工作。通知中央巡视组9月5日到吉林省，开始准备相关材料，陪同档案馆进行走访
2019年8月23日	按照扶贫办要求，制定单位走访记录表。通知各单位，接市里通知准备参加全市扶贫培训大会。通知各单位尽快完成本月走访工作
2019年8月24日	值班
2019年8月25日	休息
2019年8月26日	接待路灯处卫管中心等单位走访。统计村里近期情况和受灾情况。落实干部养病通知准备第三批疗养，同刘生研究走访工作，建议各单位向卫管中心学习。用收音机的方式宣传扶贫政策
2019年8月27日	陪同质监站、建管中心慰问走访统计村里近期受害情况
2019年8月28日	陪同城建所质监站，市政设计院走访。准备长城主任慰问
2019年8月29日	陪同档案馆走访。准备长城明天来村里的慰问材料。准备参加培训材料
2019年8月30日	接待李长城主任到村里走访慰问。与农安县城建局同志研究垃圾箱建设工作。并陪同走访
2019年8月31日	值班
2019年9月1日	休息
2019年9月2日	与村书记研究垃圾箱工作，并与农安县城建局同志联系相关计划
2019年9月3日	到市委党校参加全市村党组织书记"第一书记"培训班学习
2019年9月4日	继续参加市委党校全市党组织书记"第一书记"培训班学习
2019年9月5日	继续参加市委党校全市党组织书记"第一书记"培训班学习
2019年9月6日	传达全市第一书记培训班精神，陪同卫管中心走访贫困户
2019年9月7日	休息
2019年9月8日	值班

续表

驻村日期	开展工作情况
2019年9月9日	发通知催促各单位按时完成走访工作,同荣发集团联系土豆销售工作
2019年9月10日	陪同造价站支队完成节前走访。组织村干部完善扶贫材料
2019年9月11日	陪同陈桂林主任及路灯处、墙改办等单位完成节前走访部署节前工作
2019年9月12日	部署节前工作同刘生、孙久强联系相关工作
2019年9月13日	休息
2019年9月14日	休息
2019年9月15日	休息
2019年9月16日	揭示组织部第一书记通知。准备相关材料表格准备相关产品
2019年9月17日	同宋书记研究大集活动安排。同刘生商量周四工作会内容,督促本月走访工作
2019年9月18日	回建委同孙久强、刘生联系近期需要解决的工作:1.大集活动;2.树苗款;3.修凉亭
2019年9月19日	部署下周工作,做好分工印刷宣传材料,督促走访工作,联系保险公司赔偿工作
2019年9月20日	同市委组织部沟通工作,上报相关材料,协助村书记整理座谈会提纲
2019年9月21日	值班
2019年9月22日	休息

(本案例执笔人:苟天来　王旭　王金成)

案例点评

在贯彻落实国家精准扶贫政策过程中，农安县建立了党政主管为第一责任人，各行业部门分工协作的工作机制，以项目建设、包保帮扶、基础工作扎实为特点，配合脱贫攻坚"百日会战、信访工作百日会战"，问题整改等行动，将精准扶贫政策贯彻落实到位。作为典型案例村，农安县合隆镇烧锅岭村脱贫经验主要表现在：一是规划先行。突出扶贫重点工作，建立相关扶贫制度，构建整体扶贫格局。二是建强基层党组织，强化各类惠民举措。强化基层党组织"三会一课""党员每月为贫困户打扫卫生"等活动，提高农村党员党性修养，增强基层党组织组织力；通过落实"两不愁三保障""代理妈妈"等活动，提高保障民生效果。三是发挥乡村能人作用，增强发展活力。以乡贤、能人为代表的乡村各类人才在产业发展、集聚资源、组织建设等方面发挥了重要作用，为可持续脱贫提供了人力支持。四是发展特色产业，夯实持续脱贫基础。通过发展棚膜经济、特色养殖业，烧锅岭村不仅实现了集体经济增收，而且实现了贫困户稳定增收。五是完善基础设施，增强发展动力。通过争取上级资金及"第一书记"资源完善村庄文化广场建设、村庄道路建设、路灯等基础设施，补足了村庄发展短板，增强了村庄发展动力。

（点评人：王军强，北京农学院副教授）

第二章

柳河篇：
强队伍，谋发展，真扶贫

柳河县红石镇四清村

一、村情

四清村位于柳河县红石镇东北部,属于半山区,辖四清、柳条两个自然屯,总面积14.51平方公里,其中林地面积5706亩,耕地面积5469亩,水田旱田面积比约1∶2。全村共有476户1786人,党员38名,其中女党员6名,大专及以上学历5名,党员平均年龄45岁。烤烟、养猪和苹果栽植是四清村的支柱产业,2017年全村种植烤烟1784亩,产值720万元;养猪年出栏1200头,产值120万元;其他主要粮食作物,产值716万元。全村现有建档立卡贫困户64户150人,其中因病致贫58户137人,因残疾致贫5户10人,因学致贫1户13人。

二、脱贫攻坚前贫困状况

脱贫攻坚前,四清村基础设施建设滞后,经济发展缓慢,群众收入以农业为主,村集体经济基础薄弱,2013年该村村集体经济收入为0,2015年年底,村集体负债36.6万元,因为贫困,村里修不起路，种不起树，车进不来，粮出不去，四清村成为远近闻名的省级贫困村。

三、脱贫攻坚成效

近年来，四清村在"强队伍""好政策""真扶贫"的带动下，2017年全村社会总产值达到1686万元，农民人均纯收入9310元，16户50人实现脱贫。2018年，全面发挥政策叠加效应，高质量推动脱贫攻坚工作。针对柳河县"因病、因残"致贫的现实原因，柳河县陆续实施了以健康扶贫为重心的多项扶贫措施，主要包含教育扶贫、农村危房改造、助残、低保扶贫政策、社会救助扶贫政策、就业创业政策等九项扶贫政策，确保精准扶贫、全面扶贫。其中四清村主要以"健康扶贫政策、教育扶贫政策、农村危房改造政策、就业创业政策"等四项扶贫政策为主，其他扶贫政策为辅的政策体系。

（一）实施健康扶贫，实现"一增、一降，四减免、五提高"

"一增、一降"即增加23个残疾人康复项目纳入新农合保障范围，降低新农合大病保险报销起付线指3000元。"四减免"：一是省人民医院针对患有肺癌、食道癌等28种重大疾病且需要手术治疗的低保家庭、五保供养对象、孤儿等特定贫困参合患者，实现目录医药费用全免；二是省人民医院针对28种重大疾病外的住院贫困参合患者，给予目录内医药费用5%的减免政策；三是吉林心脏病医院承担全省农村心脏病贫困参合患者医疗救治，免费为适应症患者开展心脏支架、搭桥等手术项目;四是患有20种肿瘤性疾病的贫困人口在省肿瘤医院治疗,实施新农合、大病保险、医疗救助等政策性报销后,其余自付的治疗费用全免,县域内定点医院实行"先治疗后付费""一站式"即时结算。"五提高":一是对32种常见慢性病,门诊费用报销,提高5个百分点;二是对42种特殊疾病,在省级、市级订单医疗机构门诊就诊,低比例起付段以上的费用报销,提高5个百分点;三是在省级、市级定点医疗机构住院治疗,低比例起付段以上的费用报销,提高5个百分点;四是对42种重大疾病,在省级、市级定点医疗机构就诊,低比例起付段以上的费用报销,提高5个百分点;五是农合大病报销比例,每段提高5个百分点。四清村贫困人口以慢性病为主,其中以高血压、冠心病、脑梗塞三种慢性病为主,通过健康扶贫,报销比例基本达到90%。

(二)实施教育扶贫,保障贫困学生资助帮扶政策全覆盖

一是分阶段实施贫困户资金资助政策。全县各中小学就读的建档立卡贫困户家庭学生在学前教育阶段、小学教育阶段、初中教育阶段每生每年分别享受1500元、1000元、1250元资助,普通高中教育阶段每年享受2000元资助,此外对柳河一中、柳河八中每生每年分别享受700元、500元的学杂费减免,职业高中教育阶段每生享受2000元资助,大学阶段新生分别享受省内大学500元、省外大学1000元的补助。二是"三免、两减、一减"全县覆盖,即免除义务教育阶段学生本费、书费、校服费,减收公办学校学生伙食费30%,减收校车费用20%,通过"圆梦大学计划",奖励新考入大学的建档立卡贫困学生5000元。三是优先

保障贫困学生接受社会团体捐助。四是开展"雨露计划",即建档立卡贫困家庭子女接受中、高等职业教育,在校学习期间每年补助3000元。2019年四清村14名建档立卡户当中3人享受"雨露计划"。在有贫困户孩子因考上大学为学费犯愁时,村扶贫工作队积极联系收费站帮助孩子解决上学往返车费2000元,并送去2000元助学金,切实解决孩子上学难问题。

(三)实施农村危房改造政策,确保贫困户住得安全、住得舒服

四清村危房按照农户自愿申请、村民会议或村民代表会议民主评议、乡(镇)审核、县级审批等认定程序,规范补助对象的审核、审批程序。对本村现有住房属于C级(局部危险)或D级(整栋危险)的贫困户,分别实施不同的补助标准,同时建立健全公式制度,将当年农村危房改造政策、补助对象基本信息和各审查环节结果在村务公开栏公示。经鉴定为D级危房的,对无筹资能力"五保户"、无筹资能力的低保户和贫困残疾人家庭、年人均纯收入低于国家贫困线1.5倍的其他贫困户分别实施5万元、4万元、3万元三个级别的危房补助标准。经鉴定为C级危房的,"五保户"补助标准不高于1万元,低保户、贫困残疾人家庭补助标准不高于9000元,年人均纯收入低于国家贫困线1.5倍的其他贫困户补助标准不高于8000元。四清村的贫困孤独老人闫志深今年70岁,身患特殊疾病,是一个"玻璃人",身体骨骼经常性骨折,一辈子未婚,一直与妹妹、妹夫生活在一起,3年前他住的房子只有一铺小炕,转身都是问题,"第一书记"联系市委办投资4万元为他新建了一处35平方米砖混住宅。"如果没有政府，没有扶贫政策，我这一辈子都住不上这么宽敞、明亮的房子，你看这房子多暖和。"这是闫志深老人发自内心的感动与感激。

（四）实施就业创业政策，落实"智志双扶"

一是开展培训和指导，为农村就业年龄段的建档立卡持证残疾人开展实用技术培训，对有培训意愿且符合受训条件的建档立卡残疾人员，人社部门提供免费就业技能培训，进行免费职业指导。二是通过发展产业吸引村内剩余劳动力就近就业，通过发展草莓种植、中草药种植等产业，优先安排村内剩余劳动力就业，据当地贫困户介绍，每到收获季节，村内的工作应接不暇，有时候还需要到邻村雇用劳动力，收入也很可观，每天大约200元。三是将集体收入的一部分用于公益岗位，支持劳动能力低的贫困户就业，杜绝"等、靠、要"思想，四清村共设置了六类公益岗位，包括保洁员、防火员、护河员、治安员、政策宣讲员、自来水管理员，并设立了专门的管理制度，明确了工作职责、奖惩制度等。四是提供创业担保贷款，对于符合条件的贫困人口创业者且未享受扶贫贷款政策，可申请20万元以下、期限3年的贴息创业担保贷款。

（五）落实社会保障政策

一是助残扶贫政策，开展残疾人技术培训、进行残疾人两项补贴、实施扶残助学金扶持、进行残疾人家庭无障碍改造、免费发放残疾人基础辅具。二是低保扶贫政策，对于具有当地常驻户口，共同生活的家庭成员人均可支配收入低于当地农村低保标准3840元/（年·人），且家庭财产状况符合县人民政府规定条件的家庭，可申请农村低保。三是社会救助扶贫政策，低于符合救助条件的贫困人口，即时给予应急性、过渡性救助。四是基本养老保险制度。五是金融扶贫小额信贷政策，通过参与评级授信、确定发展项目、提交申请材料、配合银行开展入户调查、审核、准许贷款资金到账等程序，对贫困户开展2万—5万元的贴息贷款。

四、谋发展，讲实效，大力开展产业扶贫

为谋划符合实际、效益更高的产业项目，让扶贫落到实处，让扶贫效益真正惠及贫困户，在扶贫队伍领导下、在政策的支持下，四清村通过组织贫困户村民座谈会，详细听取村民对脱贫制度的意见建议，询问村中老党员、老干部、致富带头人对村庄脱贫致富的想法计划，针对四清村存在的经济结构单一、集体经济薄弱、思想保守、发展思路不清等问题，制定了《村扶贫开发工作方案》《村产业发展计划》。经过多次论证，决定发展以中草药种植扶贫、光伏扶贫、果窖扶贫、养鸡项目、草莓和蓝莓扶贫、苹果产业扶贫六种扶贫模式为主的能切实提升贫困户收益的产业。

1. 发展中草药种植产业。四清村党支部班子成员多次外出实地考察论证发展中草药种植产业的可行性，最终研究确定由四清村村民委员会投入28.8万元（其中省级新型村集体经济项目补助资金5万元和县级补助5万元），合作社自筹7.2万元，注册成立由村集体领办的经济实体——柳河县和兴中药材种植专业合作社，主要组织社内成员统一种植地产中药材和销售。合作社占地220亩，目前种植蒲公英80亩，款冬花110亩，黄荆、苍术10

亩，黄芪等20亩。在包保部门通化交通局的帮助下，与通化市修正药业有限公司签订了收购合同，形成了"党支部＋合作社＋农户＋公司"稳定的运营模式，农民种植的中药材不用担心销路，预计合作社实现年产值30万元，村集体增收约15万元，带动62户村民种植中药材，预计户均增收2400元，解决15户贫困户依靠产业摆脱贫困。此外以柳河县和兴中药材种植合作社为主体，投资了38万元与通化东圣药品药材有限公司也开展了合作，以"公司＋合作社＋贫困户"的方式运营，将药材和土地整体外包，在药材保本增值的基础上，合作社每年可得到投资额10%左右的分红，解决了合作社在管理、技术、资金、风险等方面的问题。目前种植面积共计260亩，主要种植白萝卜、黄芪、蒲公英、种苗等，项目运行情况良好，社会效益可观，每年可拉动务工人员2000余人次，增加务工收入20余万元，其中贫困户务工500余人次，增加收入5万元左右。

2. 发展光伏扶贫产业。考虑到农村涉农项目不好办、风险大、回报率低，再加上扶贫周期长，最后四清村选择光伏扶贫产业，以求达到立竿见影的效果。光伏产业覆盖四清村及由家村、和平村，项目总投资306万元，资金来源为上级帮扶资金，其中投资四清村146万元、由家村80万元、和平村80万元。项目占地面积10.6亩，建筑面积10.6亩，建设光伏电站365千瓦光伏电站一座。2017年项目已成功建设并运营，光伏设备使用年限可达20年以上，经营方式为村集体经营。2017年分红金额27.54万元，带动168户建档立卡贫困户，户均分红1639元、人均分红621元，此外利用光伏电站剩余空间，种植中草药贝母10.6亩，充分利用了当地土地资源；2018年分红金额29.48万元，带动

168户建档立卡贫困户，扣除基本运维费39596元，扶贫公益岗支出53066元以后，户均分红1203元（168户）、人均分红456元（443人）。脱贫攻坚期后，捐助资金所建设的光伏电站发电收益50%用于村集体急需解决的公益事业支出、50%由镇党委依照《三重一大制度》管理使用，通过召开党委会议研究进行调节分配，主要用于各村屯重点人口困难临时救助，建立困难村民长效救助机制。

3.发展果窖扶贫项目。四清村通过争取中央、省、县三级财政帮扶资金130万元，在四清村建设果蔬储藏窖一座，项目占地面积2.7亩，建筑面积600平方米，2016年10月项目已竣工，项目少量用于村内果蔬产品储存，大部分用于出租经营，2017年8月果窖投入实用，可储藏蔬菜、水果等60万斤，年收益金额4万元，带动四清村63户建档立卡贫困户增收，户均分红635元，脱贫攻坚期后项目收益使用办法与光伏项目一样。下一步，四清村还计划在果采摘园修建一处小型果窖和一处烘干室，为发展深加工做好基础设施建设，果窖建起来后，村政府出租给果农，便于反季销售苹果，收取果农的基本租赁费后，成立单独扶贫账户，主要提供给丧失劳动能力的贫困户，确保持续稳定的脱底扶贫。

4.发展养鸡大棚产业。四清村积极向上级争取资金195万元，建设现代化养鸡大棚2栋，实现村集体与贫困户"双增收"。项目占地面积6700平方米，建筑面积2720平方米，年可出栏20万—30万只肉鸡的现代化养殖大棚。该项目于2017年7月初建，2018年4月竣工投入使用，经营方式为对外租赁（或贫困户经营），该设备使用年限可达20年以上。2018年收益金额30万元，扣除基础运维费6万元，剩余50%带动四清村分红，扣除基础运维费23780万元，扶贫公益岗73225元后，户均分红365元；50%带动和平村、由家村、青岭村、西安村、红石村、李油坊村，人均分红200元。

5.草莓、蓝莓种植项目。四清村的旱田、水田面积占比约为2∶1，分布不均匀，受年份、季节变化影响，农作物收成很难保证，农民收入要看老天爷的"脸色"，扶贫队针对这一情况决定发展大棚经济。四清村成立了草莓专业种植合作社，由村民加入合作社承包经营发展大棚草莓产业，不仅贫困户增加了收入助推脱贫，村集体也进一步壮大。村里把原有的18座大棚承包给有劳动能力的4户贫困户，并帮助他们与丹东市好乐草莓有限公司签订种植回收合同，每年收取承包租金6万元，专门用于扶贫，此外，大棚的草莓苗和种植技术由企业承担，技术指导由"第一书记"负责联系，彻底解决了贫困户发展草莓的后顾之忧。贫困户张爱霞是草莓大棚的最大受益者，她承包了两座草莓大棚，扶贫工作组帮忙担保贷款，如今已从过去的负债累累变成了村里的小老板，自己富起来了也不忘帮助村民，她在村里雇用那些缺资金、无法贷款的贫困户打工，每天给100多元的工资。2018年，四清村通过争取中央、省、县级财政资金70万元，新建了4栋草莓大棚。项目占地面积38亩，建筑面积6656平方米，建设草莓暖棚长128米×宽13米×4栋，2018年收取租金6万元，带动四清村63户建档立卡贫困户，户均分红952元。此外，与一家公司签订合同，新建了百亩蓝莓采摘园，现已种植5万多株，让贫困户在家门口就能干活挣钱。

6.发展苹果产业。四清村主要引进了新疆"玫瑰红""玫瑰香"苹果，这里拥有生产苹果的得天独厚的自然条件，种植出的苹果"个大、形正、色艳、质脆、汁丰、甜香、耐贮"。依托本村特有的玫瑰红苹果种植产业，成立了玫瑰红果树种植专业合作社，贫困户以土地或其他方式入股加入，果园务工也优先雇用贫困户，实现村集体与贫困户"双赢"的局面，助收贫困户人均增收1000多元。此外，借着乡村旅游发展的东风，四清村探索了"特色产业＋合作社"模式发展采摘旅游产业，通过进一步扩大规模，开发新品种，打造了360亩无公害生态采摘园，推动采摘园产、供、销一体化，每年苹果成熟时，通过发挥帮扶单位、乡村能人、媒体等优势，开展网络宣传和销售，吸引了来自各地的游客。如今四清村的苹果在通化市已小有名气，且在"第一书记代言"活动后和参加各类展销活动后，打通了同化、长春等地市场，深受消费者青睐，已成为四清村村民脱贫致富的"拳头"产品。

五、强队伍，保成效——工作事迹纪实

火车跑得快，全靠车头带，人才和队伍是脱贫攻坚的关键。镇党委和政府、村两委以及驻村工作队三支力量汇聚成了四清村的脱贫坚强力量，其中一些人在扶贫工作中闪光发亮，给人留下深刻的印象。

红石镇党委书记、镇长鲁玉霆，扎根基层20多年，在多个村镇工作过，有丰富的基层工作经验，对农村有深厚的感情，既脚踏实地又敢于创新。鲁镇长身为"父母官"，操着"父母"心，在办公室的日子短、下乡进户时间长，办公桌前时间短、田间地头时间长，四清镇的情况大到经济发展，小到村民家事，都如数

家珍，脑袋想的都是百姓事，心里装的都是百姓愁，在工作中亲力亲为、兢兢业业，他是百姓的父母官，更是百姓的老朋友。在产业发展上，鲁镇长敢于积极创新，抓住"农业供给侧"改革契机，依托"公司＋合作社＋农户"模式，发展特色农业变"输血"为"造血"，成立草莓合作社，大力推广草莓产业，建设草莓大棚，引进栽培技术，提升经济效益。2018年四清村在鲁镇长的大力支持下，新建4个草莓大棚，大棚采用丹东成熟建设及栽培技术，既节约财力投入，又提升产能效果，生产的丹东九九草莓个大、味甜，面向柳河县和通化市市场销售，通过草莓种植，村里每个贫困户实现年均增收近1000元，下一步计划将草莓产业全镇推广，打造成全镇的产业名片。

村党支部"第一书记"王羽佳，现年47周岁，通化市市郊公路管理段段长，2016年3月下派，下派后第一件事就是深入村屯、走家串户摸清基本情况。"我是农民的儿子，并且从农村出来，对这里一点都不陌生，我一定要制定出一劳永逸的扶贫方案，不将四清村脱贫绝不回头。"这是他在挨家挨户调研后发自内心的承诺，担任"第一书记"以来，他坚持高标准、严要求、勤思考、多干事，全身心投入包村扶贫工作，在包办部门及柳河县委、县政府的支持下，落实帮扶资金1000余万元，实施了基础设施建设、光伏产业、恒温果窖、养鸡大棚、中药材种植等重点项目，全村实现稳步脱贫。驻村工作3年多来，他帮助贫困户看过病、送过衣服、修过家电、干过农活，力所能及的大大小小的事情多到数不清、记不住，他成了村民心中的"儿子"，赢得了村民的信赖和拥护。此外，他更是村民眼中真正的孝子，他时常把父母挂在嘴边，一有时间就回去看望老人，也常常教育别人孝敬老人，遗憾的是老人生病的时候因为驻村工作艰辛没时间陪老人走过生命中最后一程，成为人生中一大憾事。

村党支部书记兼村委会主任杨俊良，现年43岁，1999年6月加入中国共产党，本科学历，2013年4月当选为四清村党支部书记、村主任。他富有想法，扎扎实实，敢想敢干，修路灯、组文化队、修马路、挖沟渠、搞产业、改善农村面貌等这一系列想法都是他曾觉得心有余而力不足的，在"第一书记"驻村后，通过与"第一书记"的沟通配合、并肩作战，如今这些想法都渐渐实现了，老百姓对他提出的任何大胆想法也都见怪不怪积极配合了。值得一提的是，村里的支柱产业养猪产业便是他带头致富的项目，目前村内建有猪舍3栋，年出栏生猪1000头，年收入达到150万元，为了带动更多养猪户发家致富，他还领办成立了柳河县红石镇生猪产销专业合作社，为养猪户提供产、供、销一条龙的服务。

其他相关人员：驻村工作队员杨玉峰，现年45岁，通化市市郊公路管理段办公室主任，2017年9月下派。驻村工作队员王清伟，现年55岁，通化市委办公室机关党委科员，2017年9月下派。驻村工作队员谭玉德，现年54岁，通化市发改委价格监督检查局副主任，2017年9月下派。村党支部副书记曲玉海，37岁，2007年4月当选为四清村党支部副书记，种植玉米30亩，水稻10亩，年收入4.5万元；村文书陈国禄，55岁，2004年4月至今任村文书，种植玉米20亩，水稻15亩，年收入4万元；村妇女主任宋艳霞，44岁，于1991年4月当选为村妇女主任，经营一家小商店，设有农村流动大棚，年收入10万元。全村13名党员有致富项目。村党支部委员会共有委员3名，平均年龄

41岁。

此外，红石镇还建立了"第一书记"经常联系机制，来自吉林警察学院、通化市委办、市交通局、市发改委、县检察院、县卫计局的"第一书记"群体成为红石镇扶贫的主力军，从素不相识到因共同的扶贫任务聚在一个偏远的小镇，他们抛弃个人利益，投身扶贫事业中，在日常工作中互相帮助、经常交流，各自发挥特长，把一个个独立的贫困村联系成一个"大家庭"，项目上的事需要沟通找市发改委的"第一书记"帮忙，医疗健康的事需要沟通找县卫计局的"第一书记"帮忙，村里交通等基础设施的事需要沟通找市交通局帮忙……"第一书记"既着手帮扶自己所驻的贫困村又心系其他的贫困村，他们为人民服务的初心在真情实意的帮扶中砥砺出动人光芒，与群众的血肉联系在真抓实干的帮扶中进一步密切生长。

一个个扶贫人的真心付出、一笔笔资金的投入、一条条政策的落实、一个个项目的扎根，终于换来了四清村全然一新的面貌，道路通了、房更大了、景变美了、村庄更有生气了，四清村的贫困户看见了脱贫的希望。四清村的脱贫攻坚经验，简单总结就是"好人+好政策+好项目"和"真情实意"，人、政策、项目都可通过体制机制的完善注入到扶贫工作中，成为脱贫攻坚的一股坚强力量，但"真情实意"是体制机制无法解决的，也是脱贫攻坚结束后防止返贫的关键，如何让扶贫队伍付出"真情"，让政策落到"实"处，让好项目适应民"意"，是扶贫之路的重点。

（本案例执笔人：赵志毅　雷广元　申晴）

案例点评

吉林省柳河县结合本县"因病、因残"致贫的现实原因，陆续实施了以健康扶贫为重心的多项扶贫措施，主要包含教育扶贫、农村危房改造、助残、低保扶贫政策、社会救助扶贫政策、就业创业政策等九项扶贫政策，确保精准扶贫、全面扶贫。典型案例村四清村扶贫的主要经验启示有：一是建强了精准扶贫的队伍，提高了扶贫工作的行动力。建立了镇党委和政府、村两委以及驻村工作队三支力量汇聚四清村的脱贫坚强力量，尤其是建立了镇域"第一书记"经常联系机制，为包括四清村在内的镇域贫困村的可持续脱贫提供了外部资源支持。二是发展特色产业，提升产业扶贫的持久力。通过创新中草药种植扶贫、光伏扶贫、果窖扶贫、养鸡项目、草莓和蓝莓扶贫、苹果产业扶贫6种扶贫模式构建了整村脱贫的产业基础，不仅提升了村集体经济实力，而且奠定了贫困户可持续脱贫的基础。三是实施各类农村就业创业政策，实现"智志双扶"。在人社部门助力下，四清村对有培训意愿且符合受训条件的建档立卡残疾人员开展就业技能培训，提高贫困弱势群体的自我发展能力；通过设置村庄公益岗位，不仅保障了村庄安全、美观，而且实现了贫困户就近增收就业的可能。

（点评人：王军强，北京农学院副教授）

第三章

伊通篇：
讲团结，务实干，见真情

伊通县营城子镇打草村

一、村情

打草村位于吉林省四平市伊通满族自治县营城子镇东北部，距营城子镇25公里处，长营高速公路东侧，地形属于半山区、丘陵地带，年积温24.5—27摄氏度，无霜期120—135天，日照时间长、强度大，雨热同期。幅员面积19平方公里，共有5个自然屯（二道岭子屯，打草屯，仁里屯，前柳屯，缸窑屯）、7个居民组。截至2018年年末，共有478户1917人。党员33名，其中35岁以下3名，女党员2名。班子成员6人，平均年龄48岁。现有耕地面积670公顷，林地面积256公顷。有专业合作社7个，牧业小区2个。小二型水库一座，伊丹河支流河道15公里，小学一所，卫生室一处。

二、脱贫攻坚前贫困及症结状况

打草村自然环境恶劣，基础设施落后（尤其是道路问题限制了打草村生产和生活条件的改善），特色产业缺乏。人口素质不高。小农意识根深蒂固，陈规陋习积重难返，教育水平普遍偏低，致富典型的影响力和带动性不强（见表3-1）。

表3-1 2016年伊通县打草村基本情况

乡镇	行政村	总户数（户）	总人口（人）	贫困户（户）	贫困人口（人）	贫困人口占比（%）
营城子镇	打草村	409	1825	78	157	8.60

三、脱贫攻坚成效

自2015年11月党中央召开扶贫工作以来，打草村认真贯彻落实中央、省、市、县农村工作和扶贫工作会议精神，依据吉林省伊通县脱贫攻坚行动统一部署，抢抓机遇、群策群力，真抓实干，脱贫攻坚各项工作顺利开展。

打草村以"消除贫困、改善民生、实现共同富裕"为目标，制订发展规划，积极争取筹措扶贫资金，强化扶贫责任，上下连动、齐心协力、攻坚克难，于2017年年底实现退出贫困村目标。主要成效如下：

危房改造、安全饮水、基础设施建设项目建设完成，极大改善了村民的生产生活条件。

产业项目建设完成，增加了建档立卡贫困户收入。（1）可繁母牛养殖项目。2017年11月对37户贫困户平均每人分红1351元。2018年11月对38户贫困户平均每人分红1282元。（2）肉食羊养殖项目。2017年平均每人分红405元，平均每人分红1105元。（3）养驴项目。2017年11月对37户贫困户平均每人分红405元。2018年11月对38户贫困户平均每人分红385元。（4）大榛子种植项目。2017年11月对37户贫困户平均每人分红81元。

2018年11月对38户贫困户平均每人分红76.9元。(5)蛋鸡养殖项目。2017年12月对37户贫困户平均每人分红338元。2018年11月对38户贫困户平均每人分红320元。

四、重要工作举措

(一)资金投入——基础设施保根本,产业发展保长效

脱贫攻坚以来,打草村多方投入资金用于危房改造、安全饮水、产业扶贫、基础设施等项目。

1. 危房改造项目

2017年建档立卡贫困户危房改造户共16户,其中自建7户,统建9户。现已全部完工并入住。

2. 安全饮水项目

安全饮水项目已实现自来水全部入户,入户率达到100%。打深水井5眼,水质已通过安全检测,现已全部投入使用。

3. 产业项目

打草村以市场为导向,以经济效益为中心,突出项目带动,围绕传统产业,依托资源优势,开发大果榛子栽植,采取联户经营、委托管理、承包租赁等形式多样的产业扶贫方式。注重引导鼓励支持农业企业和农民专业合作社承担社会扶贫责任,建立起"合作社+农户"的项目运行管理模式。同时,鼓励引导贫困户自愿以土地经营权入股龙头企业和农民合作社,采取"保底收益+按股分红"等方式,优先保障贫困人口持续受益,带动农户

脱贫。3年来共实施产业项目5个，极大程度上缓解了贫困。通过分红，部分贫困户直接脱贫。

（1）可繁母牛养殖项目。2016年8月，伊通县民族宗教局投资100万元，购进可繁母牛67头，委托吉林省众盛源牧业有限公司饲养。

（2）肉食羊养殖项目。2016年4月，伊通县民族宗教局投资30万元，购入208只肉食羊，委托吉顺种养殖合作社进行饲养，合作社成员为本村农户。2017年9月扩大规模养殖，县民族宗教局增加投入专项扶贫资金70万元，其中35万元用于基础设施及电力建设，另外35万元用于购买438只肉食羊。

（3）养驴项目。2016年，伊通县发改局投资30万元，购买母驴52头，项目养殖周期为3年，委托吉林省众盛源牧业有限公司饲养，通过抵押方式进行担保。

（4）大榛子种植项目。2016年4月，县发改局、财政局投资60万元，购买榛子苗10万株，栽植100公顷，结合贫困村退耕还林政策，为112户退耕还林户免费发放榛子苗，并签订合同，保证成活率达到85%。

（5）蛋鸡养殖项目。2016年8月20日，四平华生公司投资25万元，委托全盛养殖合作社养殖蛋鸡1万只，项目养殖周期为2年。

4. 基础设施建设项目

（1）打草村小学项目。四平市财政局投入118万元，县教育局投入50万元对打草村小学进行了改造建设。包括室内厕所、操场硬化、学生食堂、地热取暖设施等，现已完工并投入使用。

（2）村部改建项目。2015年村部建设完毕，欠债务14万元，市财政局帮助解决。

（3）文化广场项目。2018年6月，伊通县财政投入资金49.7万元，改扩建文化广场项目，扩建面积达到3000平方米，并修建文化长廊，丰富了村民娱乐生活。2018年9月20日已经完工，投入使用。

（4）青贮窖及扩建牛舍项目。四平市财政局投资87.24万元，建设青贮窖438.7立方米，扩建牛舍527.42平方米，于2018年10月建设完工验收合格，已经投入使用。

（5）户户通项目。2018年7月，二道岭屯、前柳屯"一事一议"户户通水泥路建设项目，由县财政投资200万元、村自筹1.95万元，于2018年9月完工，解决村民出行难问题。市财政局帮助解决打草屯、仁里屯入户路2.2公里。

（6）村屯绿化项目。2017年，县林业局帮扶资金10万元、市财政局帮扶资金20万元，对全村17公里道路两侧进行植树带建设并且进行了绿化和风景树的栽植。

（7）水泥路建设项目。2017年，县交通局帮助协调省交通厅帮扶项目资金652万元，对12公里水泥路，从伊营公路到打草村经由仁里屯—打草屯—二道岭子屯—前柳屯—伊营公路接壤已经建设，现已完工。

（8）盖板桥项目。县财政局农发办统建全村田间作业路6座水泥盖板桥及1座漫水桥，现已完工并投入使用。县财政局农发办还于2018年9月28日对缸窑屯西至养鸡场，南至养牛场"最后二公里"进行了预算测量，投资105万元，于2019年6月16日建设完工。

（9）河渠护坡项目。2016年，由伊通县水利局投资，吉林省瑞兴水利水电有公司承建，总投资166万元。对打草村二道岭子屯河渠进行了建设，延长400米进行了石砌巩固。

（10）路边沟项目。县财政局小公益扶贫项目资金20万元，仁里屯至打草屯1100米路边沟建设项目，现已完工。前柳屯路3.315公里路边沟建设，申请县财政局2018年"一事一议"项目，2018年10月建设完成。市财政局帮助解决打草屯、仁里屯路边沟，已修建完成。

（二）人力、物力投入——多元帮扶显成效

县委常委、纪委书记李彦江直接包保打草村，保证县政府与打草村信息畅通。

四平市财政局包保，借助财政局筹集资金，有效改善道路状况。财政局先后派出8名同志驻村扶贫，现有2人驻村扶贫。

伊通县财政局包保，派驻"第一书记"，保障基层党建工作和脱贫攻坚工作顺利开展。

四平华生热力公司、四平农业发展银行系帮扶企业，形成多元帮扶格局。

伊通县卫计局、教育局、营城子镇政府等单位派出帮扶责任人，对建档立卡贫困户"一对一"进行帮扶，有效解决"两不愁、三保障"工作中遇到的问题。

（三）"两不愁、三保障"——精准施策见实效

一是收入保障方面。2017年打草村所有贫困户均被纳入低保体系。计划生育奖励扶助政策、新农保、60岁养老保险政策

也已得到精准落实。目前打草村最低生活保障水平提高到每年2977元。

二是住房保障方面。2017年建档立卡贫困户危房改造共计16户，其中自建7户、统建9户，于2018年已全部投入使用。

三是教育保障方面。领导带头帮扶，如打草村贫困户张海军的孩子张帅，由于家庭情况比较特殊，面临辍学的危险。村支部书记于志、"第一书记"白旭光和驻村工作队一起，帮助张帅进县里找到学校，在校方的支持下全免学费、住宿费，现在正常就读。

四是医疗保障方面。打草村经多方沟通协调，目前县第一人民医院、县民族医院、新家卫生院定期对打草村的老弱病残、五保户、孤寡老人等特殊群体进行义诊。贫困户在县级两家公立医院就诊可适当减免诊查费，合作医疗报销已经进村，在本村卫生所看完病即可报销。

五、讲团结，齐心协力共攻坚——工作事迹纪实

自2015年以来，打草村将扶贫工作列入重要议事日程，多次召开专题会议部署扶贫工作。建立扶贫工作制度，确定工作目标，做到村"三委"、村支部书记、"第一书记"团结一心、分工明确、精准识别、夯实工作。

（一）村"三委"经验

1. 领导带头拼命干。行胜于言，春风化雨。
2. 带着真情实意干。脱贫攻坚既是政治任务，又是造福百姓

的民心工程，更是一项良心活儿。要做到心细、腿勤，多入户看民情，帮助困难群众谋思路、想办法，增加他们的收入。

3. 创新机制用心干。脱贫攻坚要取得实实在在的效果，关键是要找准路子、构建好的体制机制，抓重点、解难点、把握着力点。

4. 与群众处好关系。把群众的事当成自己的事办，用真情感动群众，用实际行动为群众办实事、办好事，提高群众的满意度。

5. 在扶贫工作中要不厌其烦地去了解贫困户的实际情况，绝不能偏亲向友，要做到公平、公正、公开，本着实际来处理贫困户的事情。

6. 村委成员要做到及时了解贫困户家里的生产生活情况。有困难及时帮助解决，解决不了的事及时与有关部门沟通把问题处理好。

7. 村委成员在工作中勇于发现自己的不足，多学习国家的各项政策、法律法规，提高自己的素质，勇于担当。

（二）村支部书记工作事迹——以第一人称叙述

在开始扶贫工作中，打草村没有产业项目，我和村委成员多次找到县民宗局争取项目来为贫困户脱贫作保障。经过民宗局领导来打草村了解情况后，为打草村养牛项目投资100万元，养牛项目每年收入10万元用于贫困户分红，增加了贫困户的收入，为早日脱贫打下了基础。

贫困户张海军，患者有老年痴呆病，家里还有一个上学的孩子，为了给张海军看病，我、村委和"第一书记"工作队多方努力，联系了四平精神病院，最后把张海军送去住院并买了生活用品。现在病情好转，已回家生活。除了为张海军寻求就医，还为了孩子就读忙前跑后，最终把孩子送入学校，现在正常就读当中。

打草村的路都是土路、砂石路，出行特别困难，不好走，坑坑洼洼。春、秋两季道路翻浆，秋收卖粮路难走。由于路的原因，打草村的粮食与其他村比每斤少卖2分钱，全村670公顷土地，每公顷按2万斤计算，全村粮食产量1.3万吨，每吨少卖40元，那么全村每年少收入约53万元。对于比较贫穷的打草村来说是一笔不小的钱，"要想富，先修路"，这句话一点不假。

2015年打草村被评定为省级贫困村，由市县财政局包保。在市财政局对接的时候，我和市财政局阮局长也谈了路的问题是制约农村致富发展的重要问题，阮局长表示一定想办法帮助解决。我经过多方努力找到县里交通局，希望帮助解决打草村乡路问题。在我和村"三委"成员找县交通局长多次交谈后，局长带队亲自来打草查看路的情况，看完后答应帮助打草村解决乡路修路问题。通过县交通局帮助，修建了12公里水泥路，修完路后，村民出行方便了，粮食也卖到高价了，大家看在眼里，喜在心里。

市财政局在资金特别困难的情况下，帮助我们修建了2.2公里屯屯通水泥路，一下子解决"拉地摊"的卖粮难的问题。

我和村"三委"在县财政局到村里进行扶贫工作的时候，向局里反映了打草村屯里路的问题，一到雨季屯里路特别难行，出门一脚泥，晴天一身灰，这给村民的生产生活带来了诸多不便。尽管村里年年修，冬天还可以，但每到夏天还是一样，村里没有钱修路很困难，领导也到屯里看了路的情况，确实不好走。后经县财政局领导努力，村"三委"申报了户户通"一事一议"项目，由县财政局投资200万元，村自筹资金1.95万元，修建了二道岭屯、前柳屯户户通水泥路。后经村里的市财政局沟通协商，帮助解决了，打草屯、仁里屯两个屯的入户路都修了水泥路。村民出行也方便了，唯一就差打草村的缸窑屯没修水泥路了，当时缸窑屯不少村民找到我，问我什么时候给他们屯修。后来我找到县财政局，希望帮助解决最后"两公里"水泥路问题。在县财政局资金特别困难的情况下，于2018年帮助修建的打草村缸窑屯最后"两公里"水泥路。

说真的我和村"三委"成员及全村村民真的感谢帮助修建水泥路的包保单位和交通局，是他们解决了打草村出行难、卖粮难的问题。

打草村原来的生活用水源于家家户户的小水井，深浅不一，水的质量也不好，每到雨季，村民家的水井有的浑浊严重的不能用了，给生活带来了不便，也影响了村民的身体健康。根据生活用水这个多年的情况，我找到了县水利局，希望帮助解决这个难题，当时全县的安全用水项目已启动，可要安装自来水的村太多了，为了能争取到安全用水项目，我和村"三委"成员多次去县水利局找领导把打草村用水的情况说给领导听，最后领导带队亲自来打草村查看群众的用水情况，也听到了群众所反映的水井问题，最后水利局决定给打草村打深水井，安装自来水。在2016年水利局在全村打了5个深水井，每个屯1个。建井房、挖管道都开始运作了。在施工的过程中，我们也遇到了不少难题和困难，如在挖前柳屯水管道的时候，需要临时占用村民的地，把水管埋下后再给恢复原样，有一户村民就是不同意，说什么也不行并阻拦施工，最后经过做思想工作，谈了多次才答应。像这样的事很多，井也打完了，管道也安装完了，村民开始用水了。通过检测水质全部达标，有的村民喜笑颜开，我们终于用上了好水，可是也有个别村民不想用自来水，我们村委听说以后，亲自去他家看看是什么情况，原来他家为了节省水费。我当时跟他说，这不是水费的问题，你自己用小井水也要电费你也要花钱，你花的用水电费都高过水费，再有你井里的小水泵、电线，水管再维修。维修费用比这都多，最重要的是你的健康问题，咱们用的深水井水质好，对人身体有益处，而且是通过水质检测的都达标，如果你家浇园子、洗衣服什么的你也可以用原来的小水井。经过苦口婆心的劝说，这户村民也用上了自来水，像这样的事很多很多，有时心里很难受也很无奈，明显是为他们好，可为什么非得去解释劝说才做呢。

二道岭子屯有条河在屯东头流过，每到汛期水很大，河道的西侧就是乡路、民房，有时发大水把路都冲毁了也威胁到民房，同时给群众的生命、财产带来了隐患，村里也每年给维修加固，可财力有限，修完也被水冲毁。根据这个情况，我又找到水利局领导，看看能不能帮助我们把河道给修了。当时我们找到水利局的分管局长魏局长，也就是现在的营城子镇魏书记，魏局长听我把河道的情况说完以后，就立马和我回到村里来看河道的情况。经过实地查看确实需要修，不然路毁了。群众的房屋也受到了威胁，魏局长在现场说回局里一定想办法把这条河给修了。没过几天，等我再去水利局的时候，来到魏局长的办公室，魏局长热情地接待了我并告诉我一个好消息，局里同意修河道了。当时我心里特别激动，记得当时我说真的感谢水利局，感谢魏局长。可魏局长说这些是我们应该做的，感谢什么，能为村里、为群众做点事也是我的工作，这几句话给我感触很深。

市财政局是我们村的包保单位，在局领导来村里走访贫困户看村里情况时来到我们打草学校。当时打草学校可不是现在的样子，学校冬天取暖用的是火墙、烧煤，老师或学生很早就要来生火烧炉子，遇到大风天直冒烟。学校还没有食堂，操场都是沙子铺的，一到雨天很泥泞，小学生在课间活动的时候有的把鞋弄湿了、衣服弄脏了。学校每年修整铺沙子，可这个问题还是存在，财政局领导了解这些情况后说应该让孩子们有一个好的学习环境，孩子们是我们国家的希望，也是国家以后的人才，就算局里有困难，资金再缺，我们也要想办法把打草小学给维修了。局领导很看重教育，也知道农村出大学生不易，农村将来的发展需要人才，如果都把书念好了，农村就不会再有贫困户了，也能为国家多做贡献。在市局、县教育局的帮助下，打草小学完成了改建，也不用烧火墙了，铺了地热，沥青铺的操场，建了食堂，修了教室。当看到孩子们一张张笑脸，我们感到很欣慰，也要感谢我们村的包保单位为打草村、为孩子们所做的一切。

原来我们村的环境可不是现在这个样子，用脏、乱、差这三个字形容一点也不过。村民随意倒垃圾，堆放柴草垛，路边没有种树，村里年轻人投入人力和财力去清除这些，可还是一样，清除完了，村民们还是乱扔乱放，记得有一次二道岭有一家因为柴草垛在房子附近堆放，发生了火灾，直接威胁到住房，当时我和村委成员都在现场救火，用水浇房子。来了很多村民帮助救火，周边还有很多柴草垛，大家担心怕都着了，那样的话就会烧掉很多民房，最后水车也来了，在大家的共同努力下，终于扑灭了大火。根据这种情况，我们村委抓住这个时机，家家户户做工作，把全村屯里所有的柴草垛都清除掉了，排除了火灾隐患。我们向大家讲要爱护环境讲卫生，干干净净的多好。通过这些基础建设的改变，路修了，路边沟也有了，村屯绿化了，环境也改善了，我们现在有保洁员来清理卫生，垃圾有运输车运走。

我们村贫困户当中有不少住的是危房。根据"两不愁、三保障"政策，结合危房改造对贫困户的危房进行改建。现在所有贫困户中的危房户都住上了明亮的砖瓦房。当时有两户家里特别困难，我和村委、工作队一起帮助联系包保单位华生集团、市农发行，希望能解决这两户的困难，最后华生集团、农发行为这两户送来了慰问金，解决了贫困户的困难。

村民们的精神面貌也发生了变化，原来在农闲的时候，不少村民不出去打工，有的闲着，有的在家打麻将、看小牌。现在他们看到了村里的变化，看到了党的政策，也看到了比他们家过得好的村民是怎么过的，有不少村民也不赌钱了，在农闲时出去打工，没事的时候到村里广场扭扭秧歌、跳跳舞，既锻炼了身体，又陶冶了情操。

村民们业余时间扭秧歌、跳舞的休闲广场，就是财政局协调资金帮助建设的。原来的广场很小，活动场地有限，更谈不上路面硬化，体育健身设备根本没有。村委会积极与包保部门沟通联系，多方筹措资金，终于建成了现在具有一定规模、设施齐备的休闲娱乐广场。

我们村的牛舍、青贮窖项目也是市财政局帮助协调解决的。牛舍、青贮窖建成后，作为固定资产，可以壮大村集体经济收入，为以后村里经济持续发展奠定了基础。扶贫结束以后，村里再发生新贫困户或再有返贫的，村里有钱了，可以用这部分资金帮助困难群众解决困难。脱贫攻坚期可以按比例为建档立卡贫困户分红。

（三）"第一书记"工作事迹——以第一人称叙述

1. 工作成绩

我是从 2015 年 6 月，经财政局党委选派，被县委组织部任职伊通满族自治县小孤山镇街东村"第一书记"。下派期限暂定 1 年，从 2015 年 6 月工作至 2016 年 6 月，圆满地完成了整整 1 年的下派工作。在工作的 1 年期间，我向县委组织部争取了 10 万元，向县财政局争取了 5 万元，为村新建成 240 平方米村支办公场所。向县财政争取农发资金 17 万元，修建村部右侧路边沟延长 1100 米。向亲友王广协要取彩砖 2000 块，铺设街东村村部前面挖坑地带，方便了前来办事老百姓的进出，也方便了村"三委"日常的正常工作。

2017 年 7 月 26 日，伊通县召开全县脱贫攻坚大会，在伊通满族自治县 27 个建档立卡贫困村建立扶贫工作队，产生"第一书记"及工作队员。财政局党委考虑到我有下派的工作经验，又一次决定让我到伊通满族自治县营城子镇打草村任职"第一书记"。从 2017 年 7 月 26 日至今，我在营城子打草村工作又整整 2 年多。在近 3 年多的"第一书记"下派工作历程当中，我严格按照县委组织部的工作要求和工作职责，加强基层党组织建设，积极协调财政资金，为民服务办事，带领驻村工作队发展壮大村级集体经济，推进乡村道路建设，改造安全饮水工程，监管危房改造建设，积极帮助贫困户解决生活困难，真心对待百姓，友善进行沟通，每天时时刻刻随时发现问题随时解决。2018 年年初开始危房改造，16 户已安全入住。415 户安全饮水入户率达到 100%。稳固推进产业项目五项，实现 38 户贫困户 74 人年人均分红 2064

元。按照贫困村出列的 16 项标准，于 2017 年年底实现了打草村整村摘掉贫困村的"帽子"。全村人口 1917 人，贫困发生率小于 2%。截至 2019 年 10 月，现存贫困户 7 户 21 人。预计 2019 年年底，全部实现脱贫。

2. 工作中遇到的问题

一是和村书记工作合作问题。到村之初，村党支部书记根本不理解下派"第一书记"及工作队职责，总是认为我们在抢他们的权利，在替代他们工作，错误地理解我们。对我们"第一书记"及工作队员来说，真正发挥的作用是"传帮带"。工作当中我们进行上传下达国家省、市、县的扶贫工作文件，帮助贫困村和贫困户脱贫致富，寻找探索发展村集体经济，积极带动发现致富带头人，积极带动引领贫困户发展田园经济。同时大力发展村级集体经济。在日常工作当中也会产生意见分歧的时候，我们一直坚守"四议、两公开"的工作制度，充分发挥民主权利，以发现问题及解决问题为核心目的。

二是村民不知道扶贫工作队尤其是"第一书记"的工作职责和职能，他们误以为"第一书记"就是村级最大的干部，所有的问题、所有的事项都应由"第一书记"来解决。其实我们"第一书记"主要的工作是针对贫困户，并不是针对全体村民，我们是针对基层党组织建设和贫困户脱贫。

三是日常工作当中，"第一书记"和扶贫工作队队员都把精力投入到文本材料整理当中，却忽视了日常对贫困户的走访，根本没有达到及时发现存在的问题和及时帮助解决问题的作用。平时省、市、县检查项目特别多、预备文稿材料特别多，频繁走访、频繁检查，给基层工作增加了很多负担。

四是村书记工作与"第一书记"工作没有进一步细化和区分，没有特别说明"第一书记"该做什么和村书记该做什么，我们就是不断在干中学、学中干。

3. 生活中遇到的难题

一是县委县政府要求驻村，并且是五天四宿制。村里生活条件差，没有洗浴和洗衣机，导致个人卫生问题无法解决。还有到冬季取暖问题无法解决。村部没有居住条件。经费得不到保障。居住条件极其艰苦。尤其是冬季，感到被窝外边都是凉风。

二是每周从家到村往返一次足足有40里地的路程，自家车辆磨损及燃油费用很大，无法得到正常解决。尤其是冬季山路崎岖，积雪路面很滑，行车不安全，到村得需要近一个半小时的时间。

4. 融入到当地的经历

先谈一下我和村"三委"成员怎样融和到一起的。在日常工作当中，我主动与村书记进行谈心，积极探讨村内的涉及贫困户帮扶问题。有时故意到村书记和村文书家去吃饭，这样能进行彻彻底底的谈心谈话，以便进行沟通思想，彼此间相互交流各自的想法，真真正正地说出心里话，更能达到解决实际问题的效果。对于村监委主任，投其所好地和他谈心，因为他爱吸烟，以经常给他点烟的方式进行思想交流，达到相互之间信任，彼此融入到一起，对工作更加便利。和村委副书记在晚上休息时间，请他喝点酒，炒几个小菜，彼此谈心，推心置腹，能达到思想意识共鸣，对工作有很大的触动作用。

和村民融到一起的经历是故意到村民的集中点小卖店,到那里和大家唠家常,谈谈心,唠一些日常生活中的琐碎小事,有时幽默地与大家谈心逗乐,和大家真正地融入到一起,说普通话,做平常事,以一颗平常人的心态去和每位老百姓接触。例如,二道岭子屯贫困户孙艳家,他有一个患精神病的妻子和两个未到3岁的孩子。正好要到中秋佳节,我在小卖店买了两袋月饼,又买了点水果到他家做客,询问他两口子怎样生活、怎样照顾他的妻子和日常是怎么照顾两个孩子的等方面。他说现在我们党的政策好,对贫困户的待遇很高,现在国家对我们贫困户照顾的力度真的很大,也感谢白书记和工作队员日常当中对我们的照顾,真的谢谢。可以说他们在"两不愁、三保障"方面都得到了保障,应该有一些生活的幸福感。谈心后见到他满意的笑容时,我深感有一种收获感,感觉到我们实实在在地做到了对贫困户的关心、关爱和照顾。

打草村有老党员叫张喜才,一天他和我说,他党员的名分没有了,我说那怎么会呢?他说他的党籍当年在营城子镇党委被经管着,后因党委镇政府失火而导致他的档案烧毁了。后在县委组织部将党员名册进行微机化管理时,由于他当年文本材料没有得到及时录入,所以在电脑系统里边没有他的名字。听到这个消息之后,我及时向镇党委负责党纪的同志曲海岩进行汇报,然后我们两个经申请恢复张喜才党员的程序之后,我们亲自到县委组织部党籍管理科室,将实际情况汇报给组织部的领导,组织部又向省组织进行了查阅和汇报,经过了为期半个多月的工作汇报及审查历程,我们将张喜才的户籍党籍关系进行了恢复。张喜才当即向我竖起了大拇指说,这真是一名党的好书记,真是我们贴心的

"第一书记"。自那以后，张喜才经常到我们村部来和我进行谈心，说话、唠嗑、唠家常。这件事传开之后，全体打草村党支部32名党员都知道了，也都对我帮助张喜才恢复党籍这件事给予了点赞。

贫困户张万和家有一个患精神病的傻哥哥叫张海军。张海军常年出走，离家一走就是将近半个月或一个月。随着年龄的增大，他的患病程度越来越严重。2018年3月，他走了近一个月并没有回家，当贫困户张万和向我们汇报此事后，我带领扶贫工作队3名成员，到县内四处打听，经过两天五个小时的时间，终于在伊通镇内的农业农村联合社的储蓄所自动取款机旁发现了张海军。当时他衣衫褴褛，满身恶臭，我及时将他带到出租车上，带到洗浴中心，帮他清洗了身上。又向我的邻居白大爷家索要了一条牛仔裤，一个腰带。同时又上市场给他买了一件崭新的白衬衫和一双崭新的运动鞋。接着于下午向县民政局急救办进行申请。次日申请报告得到了审批，由我和村干部共同租车将他护送到四平市宏成脑病医院，进行为期1年的治疗。2019年3月，整整是1年的时光，我们接到四平市精神病院的电话说，张海军已经康复。我们又亲自驾车到四平精神病院，把他接回打草村，看到他满面红光、精神焕发的样子，我们得意地笑了。

贫困户王成，常年患有银屑病，家有一位老母亲，还有一个即将升大学的女儿王雨晴，还有一个孩子在小学读书，王成所患有的皮肤病不在去县卫生系统五道防线治疗之内，我就带他上县民政局救助中心申请救助资金和县卫生局申请协助治疗的方法。因他的皮肤病很顽固，都没有得到根治。当时我及时将他的患病情况向包保责任人时任四平市市长韩福春汇报，得到了韩市长的高度重视。韩市长亲自部署行文，要求我们带他到四平市中心医院进行诊治。次日我们驾车带他到四平进行为期2天的诊治检查，由医院开取一些医药服用后，他的病情才得以控制，我们内心都有一种满足感。她的女儿王雨晴在高中读书生活条件有限，我亲自向财政局包保单位领导赵铁成副局长进行汇报，赵铁成副局长帮我联系了县教育局的局长，对接后我向县教育局主管教学的副局长进行了强实汇报，得到了县教育局给王雨晴免收所有学费的照顾，并且教育局答应每个月给她200元的生活补助费。王成的母亲，眼睛常年不好，患有青光眼后遗症，见此情景，我作为"第一书记"，亲自开车带老人到县民族医院，经申请进行了义诊。检查后，老人的眼睛得以正确用药、得以巩固和维持，老人家开心地笑了。

5. 开展工作的经验

打草村扶贫工作队人员组织架构是这样的，我是县财政局下派的"第一书记"，四平市财政局也包保打草村，并且下派了三位近59岁的老同志。领导组织关系上来讲，我要谦虚，我经常和三位老同志谈心。2017年10月的一天晚上，为完成上级扶贫办对我县扶贫工作的检查，由于时间紧、任务重（第二天就来）我们要贪黑将文本材料写好。三位老同志年纪近60岁的人，可以说是老眼昏花。将近五六千字的文本总结，都是我一个字一个字亲笔写出来的，我只让三位老同志做总结，核算一下近几年所有扶贫项目产生的效益资金，当听到工作队墙上钟声铛的一声响时，才发现已是凌晨3时，就这样我们整整加班工作了五个小时。像这样贪黑加班的事举不胜举，我们都会经常性地加班，记得有一次镇党委书记刘万旭也和我们共同加了一整夜的班，但是当清晨我们将所有准备的材料都写好，并提交给镇党委各位领导审查时，我们深感工作重任在肩，我们圆满地完成工作的同时，大家的心境都得到了最大的安慰。

相比之下我们扶贫工作队我年龄比较小，和村"三委"的同志相比的话，我的年龄也是比较小的，在他们面前虽然说自己是"第一书记"，但是我尽量谦虚谨慎，工作中采取友善的方法。从不以命令的口吻，而是以和蔼的态度和大家共同研究探讨工作。

在基层党组织村民代表大会上大家都不敢说话，我就时常在党务会上对党员的权利和义务进行了详细诠释，也经常大声和各位党员说："我们既有权利又有义务，我们可以畅所欲言，每次村民代表大会，我都争取民主意见，所以大家才不会有所顾忌，都能说出心里话来，因为我们处理的是公事，所以大家尽量公正、公开和公平。"从那以后，所有的老党员再没有什么其他的顾忌，都能畅所欲言，说出了自己的心里话，公公正正地表达了自己对工作的看法和态度。可以说场面和举动是真实的，是实实在在的，是每一个人的心里话，都是毫无保留的。这种党务工作进展的程度，在每一位党员的内心都会有一种极大的收获感。

6. 自己做贫困户工作的故事

前柳屯的贫困户刘凤海，他妻子常年患有血栓后遗症及小脑萎缩，家里还有一个正在上小学五年级的孩子。既当爹又当妈的他生活非常艰辛，平日里卫生没人打扫，衣服没人清洗，饭菜没人去做，他可是真所谓的老大难了。他总是在我面前说生活太难了、太难了。我就耐心地和他讲起了生活应该怎样处理，你应该珍惜和珍爱你的生命,更应该珍爱你的家庭,既然让你去付出,你和你的妻子就应该相扶到老,有福同享,有难同当。同时还告诉他说,你们俩最大的瑰宝就是你的下一代,要好好培育他成才,让他去努力学习,将来回报祖国、回报社会。看到他家里特别凌乱的现场,我又和他说:"凤海,无论我们是穷是富,都应该讲究卫生,讲究卫生就像我们日常吃饭和穿衣一样,那是必须的,卫生是一个人的最基本的前提,卫生好了精神状态就好了,精神状态好了,我们才能有生活的幸福感。"自那之后,每逢我们再走访刘凤海家时,屋内物品摆放整齐,衣物清洗干净,他的爱人也和我们竖起了大拇指。满意和幸福的笑容时常挂在他爱人和孩子的脸上,此时此刻我们真的感到很幸福。

7. 创新的做法

在扶贫的工作当中,总体要求是对贫困户进行精准识别。既然要精准,就要充分发挥每一名走访入户干部同志的正确做法,将贫困户的实际收入情况,"两不愁,三保障"情况详细地统计出来。我采取的工作方法是要求村"三委"成员和"第一书记"包括工作队员人手一本笔记本,走访入户的时候,从"两不愁,三保障"方面要问全、问细、问准,调查清楚。不要盲目地添写和罗列数字,要以实际情况为主,弄不清楚的,讲不明白的,要再问、再走访,再走访、再问,这样才能达到精准。例如,对每一家贫困户,按"八不入"标准,能否被列入贫困标准的时候,我们每一个人都要拿出具体的意见和说法,并且对每一户及户内的每位人员,进行仔细调查清楚,并在会议上发表各自的态度,然后采取民主集中制的方法,通过举手决定是否列入到贫困户范围之内，这样我们才真真正正做到了精、真真正正做到了准。也就是将走访核查工作规范在集思广益的范围之内，这种方法叫综合负责制，同时填写入户走访核查数据保证书。这样每一名入户走访的同志才能达到数据准确、真实、有效、精细。

在召开民主生活会之前，我都将标题立意进行公开化，将研究的议题提前告知，以便让每一位党员提前准备，真正体现出大家的真实想法。同时我采取开会之前先走访的创新制度。利用一周的时间，对本村的32名党员进行挨家挨户的走访。因为我感觉到面对面走访时，在他家进行真实的走访，他说出的话、他提出的意见才是最真实的。走访的同时，我一边询问，一边做好笔录。针对每位党员的想法进行仔细的分析总结，归纳出共同想法。然后在民主生活会召开当日，将大家的集体想法先公示出来，然后由大家再进行集体讨论。这种工作方法就是我所谓的"倒推法"。

8. 自己的变化

为了提高我村农民科学种田，我向县农业农村局申请，组织了一次名为打草村科技扶贫培训班。可由于农村局同志工作原因导致没有及时开班，在延误一个月之后，他们才通知我说，白书记，麻烦您通知一下参加学习的，同他再统计一下，我们9月3日即将开班。由于工作比较多和繁忙，我就将通知的工作交给了村文书。第二天，我又询问一下，他说："我都已经通知好了，大家都会来的。"可到了开班当天上午9时，缺席了26名同志。我立刻询问说："怎么缺这么多人，你不都通知到了吗？"他说："我就是在微信群里通知的。"我说："你在微信群里通知，有些人不用微信怎么办呢?"他脸红了,羞涩地扭向了一旁说:"对不起,白书记,我没有通知到位。"结果我又发动所有屯长快速通知,3个小时后才正式开课。这件事让我的思绪得到了很大的变化,我从中汲取了经验教训,以后在工作当中一定要落实到位,并且要查验一遍,这样才不会导致工作失误。

9. 自己感动的故事

2017年冬天的一个晚上,村部的烧煤师傅由于感冒而没有将锅炉烧热,这样我无法在村部内住宿。因为比较冷,所以我想趁还没到睡觉的时候先走访一户贫困户吧。我来到二道岭屯贫困户郭艳喜家,进屋感觉热气腾腾,炕烧得很热。郭艳喜的母亲问我说:"白书记怎么还没休息呀?"我说明情况后,郭艳喜的母亲当即说:"白书记,我们家的东屋也很暖和,正好我的二儿子上远亲办事去了,你在这里住吧。"话语间我的肚子突然响叫了一声,她问我您还没有吃饭吧,我不好意思地说:"啊,吃了一点。"老人家急忙从锅里拿出一碗稀粥和两个用玉米面包的角瓜馅饺子。我也没有客气,端起热乎乎的粥,快味地咀嚼着饺子,那两个饺子真的太香了。而后我睡在东屋暖暖的炕头上,不一会儿就进入了梦想,次日清晨起来的时候,感到很幸福,这位母亲真好,以后的日子里,我和他们来往得如一家人一样,如今老人家已成为了我的干妈。

(本案例执笔人:李玉红　孙进　宋珺)

案例点评

　　吉林省四平市伊通满族自治县营城子镇打草村作为典型案例村，通过危房改造、安全饮水、基础设施建设项目建设及发展特色产业实现了精准脱贫，主要经验启示有：一是创新产业发展模式，提高产业带贫效果。如建立采取联户经营、委托管理、承包租赁等形式发展种植业；鼓励引导贫困户自愿以土地经营权入股龙头企业和农民合作社，采取"保底收益＋按股分红"等方式带动农户脱贫发展养殖业。二是多元主体积极作为，争取多部门资源完善农村基础设施。从制约村庄脱贫、贫困户增收的关键制约因素出发，村党支部、驻村"第一书记"、驻村工作队等多元主体积极作为，向财政局、卫生局、交通局等政府部门争取扶贫资源，实现部门联动扶贫。三是村党支部坚强有力，提高扶贫政策执行力。如在扶贫过程中村"三委"、村支部书记、"第一书记"团结一心、分工明确、精准识别、夯实工作，有效提高了扶贫政策执行力。

（点评人：王军强，北京农学院副教授）

第四章

长岭篇：
齐心协力谋发展，健全机制奔小康

长岭县大兴镇顺山村

一、村情

顺山村位于长岭县西南边界，处在吉林、内蒙古两省区的3个县交界区域，幅员面积11.1平方公里，距县城长岭约45公里，距大兴镇15公里。辖1个自然屯，3个村民小组，全村318户，996口人，常住人口约800人。在册耕地830公顷，以种植玉米为主，地处盐碱干旱片区，十年九旱。全村有机电井7眼，灌溉面积不足9%。砖土路13公里，与周边城镇还未实现硬化连通。产业上以种植为主，2015年玉米种植比例超过90%，村民人均纯收入5500元，约为全省平均水平的48.5%。村党支部设4个党小组，党员22名，村两委成员6名。有农机、种植、养殖等专业合作社3个，2015年村集体收入4.5万元。

二、贫困状况与症结

顺山村现有贫困户120户、贫困人口234人。贫困发生率27.9%，贫困群众生活水平低、居住条件差、贫困程度深。贫困户有三个特点：一是缺乏或无劳动能力的比重大，自我发展能力差。贫困人口中缺乏或无劳动能力的占53.2%，他们缺乏足够的体力、智力从事农业生产。二是文化素质普遍偏低，生产技能比较缺乏。贫困人口中文化程度在小学及以下的占76.6%；高中及以上的仅有12人，其中10人在读，2人从事农业生产。大部分贫困人口市场意识、经营意识差，缺乏生产技能。三是主动发展致富观念不强，"等、靠、要"思想较浓。脱贫致富的内生动力还不足。

导致顺山村贫困落后的症结性问题原因主要有四个方面：一是自然条件较差，沙性土壤比重大，干旱少雨，旱灾频繁，水利灌溉设施不足，农产品产量没有保障，经济收入低。二是道路交通不畅，区位偏远，村屯道路难行，往来物流不便捷，生产生活成本高。三是发展观念滞后，大部分村民因循守旧，市场意识、经营意识欠缺，经营分散，管理粗放，抵御风险能力差。四是缺少带富能人，村里缺少农村经纪人，种养大户和党员示范户发展规模小，影响力不够，尚未形成引领带动致富的良好效应。

三、脱贫攻坚工作成效

2016年年初，全村有建档立卡贫困户124户、贫困人口278人，贫困发生率27.9%，贫困群众生活水平低、居住条件差、贫困程度深。2017年年末，经考核验收，顺山村贫困人口全部实现了"两不愁、三保障"，脱贫人口2017年人均纯收入7075元，超出脱贫线3600多元，超出全省平均水平1800多元，比上年增收2700多元，在全省第一批"双退出"。

（一）产业发展，生产经营、组织方式的转变

1. 培育新型农业产业经营主体，赋予贫困人口股份

为破解"贫困户无能力经营、村集体不擅长经营、分散经营不利于产业开发"三大难题，创办了主体明确、利益关联、运行规范的康梦种植（棚菜）股份制专业合作社，全体贫困人口计入基本股民。37户村民筹资35.6万元入社，成为首批股民；股民选举产生理事会，负责生产经营，社员抓生产、抓管理的积极性高涨，顺山村民非常看好这个产业。5名带头人筹资100多万元，成立了康梦养殖（牛业）专业合作社，仅用7个月时间，实现了研究论证、筹资建设、生产经营、创收分红"四步走"快速发展，创造了非同寻常的"顺山扶贫速度"，每年直接带动91户深度、中度贫困户和其他村民增收超过30万元，创造15个务工岗位、促增收30多万元，股东收益约40万元。先后有吉林、四平、松原等地相关单位前来学习考察。

2. 破解产业经营和收益分配方面难题，打造"顺山模式""顺山方案"

为解决合作社收益分配机制不明晰、束缚积极性的问题，打造"合作社+贫困户"的合作开发模式和利益分配机制，科学制定了社员分红、民生及公共基金、合作社再生产资金、扶贫基金按4∶3∶2∶1的权重分配的机制，盘活了产业基础、激发了创业动能。为解决棚菜产业扶贫收益、光伏扶贫收益问题，制定的以专款专用、按人口分配、分档发放为"三原则"分配方案，体现了公平正义，突出了向深度贫困人口倾斜，得到群众广泛认可。这些务实管用的首创模式和方案，得到县委主要领导充分肯

定,被推广到长岭全县。也得到省扶贫办、省审计厅等专业部门和省纪委督导调研组的充分认可。

3. 把"龙头"企业吸纳到脱贫产业中,增强产业生命力和实效性

为降低扶贫产业风险,注重与有实力的"龙头"企业相对接、与产业链的终端相对接、与有保障的市场相对接。在发展肉牛产业中,积极把中国肉牛养殖最大生产企业长春皓月集团对接进来,皓月提供牛源选购、饲料、饲养技术、防疫和肉牛回收5个方面支撑,使养殖脱贫产业起步就迈上高水平发展之路,确保收益最大化,这个项目每年可创收100万元。

4. 敢于担当作为,"三资清查"取得突破

顺山村两委坚决贯彻落实市、县、镇各级党委的决策部署,坚持以党的建设为统领,高标准严要求抓落实。把扎实做好"三资"清查工作作为发挥党支部战斗堡垒作用的重要抓手。敢于担当作为、敢于攻坚克难、敢于较真碰硬,把开展清查工作与扫黑除恶结合起来,紧紧依靠广大村民,注重工作方式方法,把公正、公平作为首要准则,全面清理近20年村内集体资源、资产及资金。清理村资源400余公顷,已经收回村内机动地、耕地、草地、林地等130多公顷,并通过全体村民大会对外公布,群众反响强烈,高度认可。"三资"清查取得成效,为确保顺山村脱贫攻坚、乡村振兴奠定了更加坚实的基础。

(二)村容村貌、基础设施、公共服务改善情况

认真落实党的十九大精神,把打赢脱贫攻坚战与实施乡村振兴战略统筹起来、一体推进,围绕"共建小康村,同圆中国梦"

主题和"产业振兴、人才振兴、文化振兴、生态振兴、组织振兴"主线，突出 4 个重点，确保顺山村稳步由实现脱贫向全面建成小康村迈进。

一是在现代农业上，运用好农村土地"三权"改革政策，争取贷款资金和补贴政策，加大土地流转力度，发展集约规模种植。特别是更多地把低收入村民的耕地流转到合作社，进行产业化、规模化经营。

二是在产业开发上，加大"第一书记"代言力度，着重打造"顺山工坊"商标，突出"贫困村回报社会的良心美食"营销理念，组建合资入股的营销团队，采取线上与线下融合模式，在长岭县城设立"顺山工坊"实体店，推进线上营销，提升产品市场价值，走出一条贫困村推进产业规模化、品牌化、市场化新模式。在实体产业发展上，要把棚菜产业做强，在发展特色高效作物种植和采摘上做文章；要把肉牛产业做大，并向上游的饲草饲料生产加工延伸；要把庭院经济产业进一步做活，把辣椒的深加工做好，切实增加产业实力、增加收入。

三是在新农村建设上，把街道、围墙、环境、美化、绿化等进一步完善提升好，切实加强村民精神文化素质和村风民风等软件建设，打造平安农村、美丽农村、文明农村、和谐农村、幸福农村。

四是在党的建设上，以学习贯彻习近平新时代中国特色社会主义思想和党的十九大精神为主线，以提升党支部的组织力为重点，抓班子、带队伍，抓推介、引人才，抓活动、聚人心，抓发展、促和谐，使顺山基层党建工作走在全省前列，把顺山村党支部建设成为带领村民脱贫致富建成小康的坚强依靠。

四、工作举措

（一）基础设施扶贫

一是高标准农田建设项目。总投资803万元，打电机井58眼，配套抽水及喷灌设备58台套，修农田路4.5公里，架设输变电线路22.5公里。项目的建成，实现了农田水利设施全覆盖，有效灌溉率达100%，每公顷土地流转价格将提高2000元。二是村屯道路建设项目。投资668万元，修建和硬化村屯道路12.395公里。投资574万元修建排水沟8089延长米、铺设彩砖2645平方米、修建围墙9630延长米。投资67.5万元安装太阳能路灯135盏。三是安全饮水等水利设施建设项目。投资260万元建设安全饮用水工程、打电机井30眼和农道桥建设项目。此项工程建设，解决了全村318户饮用安全问题并极大方便了村民的生产生活。

（二）产业开发扶贫

一是33栋温室棚菜基地建设项目。投资700万元，采取山东寿光建设方法，在建19栋保温性更好的土式大棚，形成了占地10公顷、共33栋大棚的产业园区。采取"合作社+贫困户"的管理带动模式，与兴源合作社、山东寿光齐民合作社协作发展，面向本村贫困户和村民承包，2017年集体承包收入近11万元、种植户经营收超过100万元，带动50户贫困户脱贫。二是开发有机种植示范园，与吉松岭有机食品公司合作，流转土地、集约种植有机谷子30多公顷，每公顷纯收超过10000元，是玉米的3倍左右。三是推进庭院经济产业园。实施"一村一品"，着重栽植"天意红"辣椒30多亩，亩均纯收入超过3400元。还实施了庭院建大棚、种小麦、大豆等项目，切实把平日里不起眼的庭院转变为致富"小银行"。四是谋划合作养牛产业园。整村推进，为村民争取贷款入股分红养牛合作社，让每名村民都能在发展中受益。只此一项每户村民每年都可增收1200—1500元。

（三）金融部门扶贫

松原前郭阳光村镇银行为顺山村提供低息贷款，支持贫困户发展生产。向20多户贫困户发放贷款39万元。

（四）光伏发电扶贫

投资400万元，建设装机容量100KV电站4座，该项目达效，年发电66万千瓦时，实现销售收入40余万元，此项目可使贫困户增收1000元，村集体实现增收积累27万元。

（五）美丽乡村推进改善民生扶贫

一是村容村貌改造工程，投资200万元，硬化村部2500平方米；二是文化广场建设工程，投资71万元，建设3800平方米文化休闲广场，配备12台套健身及娱乐设施；三是危房改造工程，投资265万元，改造维修危房83户；四是发展劳务输出，协调贫困户劳务输出37人次，增收32万多元；五是实施医疗服务，组织到村大型义诊3次，送药1200多件，联系免费住院治疗、实施手术17人次；六是解决资金难题，为35户贫困户协调备春耕生产贷款80万多元、协调争取贫困户危房改造贷款69万元、为村集体和合作社争取产业发展扶持资金15万元。半年来，共协调或减除资金超过 180 万元。

（六）党建促进扶贫

投资 50 万元，扩建 120 平方米标准化文化活动室。一是规范组织设置和活动，重新设置了 5 个党小组，明确了组织成员和负责人，按照"两学、一做"学习教育要求，开展切合农村党员的学习和党的组织生活活动，增强党组织的凝聚力和活力；二是推进规范化建设，制定《研究决定村内重大事项议事规则》《村干部值班坐班制度》等规章，引导村社干部增强规矩意识，提升思想境界、提升治村水平；三是建立包保机制，形成村社干部、党员与低收入村民的对接关系，村社干部、党员直接联系包保低收入村民，执行增收绩效与干部报酬挂钩制度，兜住低收入村民稳定脱贫的底；四是强化精神文明，开展新一轮"五星家庭""十好村民"评选活动，修订《村规民约》，着重培育"勤劳实干、奋发向上、崇文重教、求富求强"的顺山精神，着力树立新风尚、激发正能量，激发村民摆脱贫困、创业致富的内生动力。

五、经验与启示

3 年来，顺山村在省委组织部包保帮扶和长岭县委、县政府的领导下，顺山村脱贫攻坚工作扎实高效推进。省委书记巴音朝鲁 2017 年 3 月 28 日到顺山村调研时，多次给予充分肯定，指出"顺山村扶贫下了大功夫，没下大功夫就不会有这么大的变化"，强调"要多复制一些顺山村的经验，多推广一些顺山村的模式"。

目前，顺山村棚菜、养殖等主导产业基础坚实、辐射带动作用显著,自来水改造、卫生室提升等民生工程竣工使用,美化、绿化建设同步推进,村容村貌焕然一新,基层组织建设有力有效,文明程度明显提高,全村积极向上、人心向党,迸发出前所未有的发展动能和致富愿望,对"建成小康村,同圆中国梦"信心十足、斗志昂扬。

抓好基层党建,夯实脱贫保障。一是注重规范村级治理体系、提升治理水平。切实从制度入手提高治理能力。所有大事都运用"六步工作法",研究酝酿听党员和代表意见,决定通过由代表表决。二是注重带头做好为民服务工作。建立《村干部对接包保深度贫困户制度》。党员领导干部带头身体力行察民情、听民意、解民难。村里33岁的特殊贫困户、五保户闫龙,患先天小儿麻痹,无劳动能力,与也很贫困的父母同住,生活艰难。以前与个别村干部有矛盾、激烈上访。综合多方面情况后,村两委多次家访了解情况,送物送药、耐心教导,回应合理诉求、消除过分要求。争取捐助给他置换了房基地,2016年国庆节前建好了五保房。集体商议,政策性安置他到棚菜合作社值班,如今每年产业分红加上务工等总收入12000多元。过上理想生活的闫龙说:"感谢党、感谢脱贫攻坚的好政策!这辈子能过上这么好的生活,我没有别的要求了!"了解到贫困户王江患股骨头坏死没钱做手术,驻村工作队向省慈善总会求援,对接了长春一家医院做免费手术。三是注重培育农村实用人才。注意在发展产业和村务工作中发现人才,为青年人、入党积极分子搭建展示才华的平台。注意以产业吸引外出创业人员回流,肉牛合作社理事会的5个成员中,有4人是从县城回村创业的,平均年龄37岁,一次性筹资83万元。去年发展的2名预备党员,在扶贫、脱贫工作中发挥了骨干作用。

预备党员、肉牛合作社理事栗永旭，在微信中留言说："不忘初心，牢记使命，听党话，跟党走，把本职工作干好，感谢领导的信任和培养"。四是注重营造文明进取的新风尚。开展经常性群众活动，举行联欢会、晚会等喜闻乐见的文娱活动，把村民组织起来、把全村的思想凝聚起来。利用好新时代传习所、传科技、传文化、传政策。注意以德治村与民主自治相结合，编写《村规民约》，大力宣传弘扬；提议评选表彰"五好家庭""十好村民"，通过树立勤劳致富、孝老爱亲等先进典型，营造文明和谐、积极进取的新风尚。如今在顺山，"赖贫"现象越来越少，靠奋斗创造幸福、靠实干迈进小康的风气越来越浓。63岁的村民白玉英，因为丈夫患病、儿子和孙女智力不足，一个人扛着全家5口人的生活。加之连年包地种粮、遭受严重旱灾，2012—2014年三年下来欠下7万多元饥荒，陷入了无力挣脱的困境，进而迷信蒙头教，寄希望于神灵改变生活。驻村干部得知情况后，通过精准帮扶和思想引导，2016年她住进了宽敞舒适的大瓦房，并被推选为村民代表；2017年承包了2栋大棚，还上了一多半饥荒；今年她带领2个女儿经营了6栋大棚，信心满满地规划了全家的小康生活！

六、脱贫攻坚与乡村振兴衔接要解决的关键问题及对策

3年的脱贫攻坚工作我们取得了前所未有的成绩，但也存在一定的问题：

一是特殊群体、弱视群体维持现状难度大。贫困户中因病因残、老年人、五保户较多，帮扶难度较大，脱贫方法局限。存在"等、靠、要"思想。

二是已脱贫户需继续跟踪。部分已脱贫户依然享受政策的脱贫户，没有经济基础，根基不牢，一旦遇到特殊情况，返贫致贫风险比较高，仍然需要高度关注。

实施乡村振兴战略建议及本村各项工作机制。

1. 根据脱贫攻坚取得决定性成果的关键时刻，要坚持实事求是的原则，坚持科学发展观，提升持续巩固脱贫攻坚成果的再认识，全面树立"所有的困难群众都是我们扶贫的对象，都是我们所关爱的人"的意识，从思想上把脱贫攻坚工作向更宽、更深的领域延伸，把脱贫攻坚与全面奔小康结合起来，确保"不让一个人掉队"，共同致富奔小康。

2. 树立持续巩固脱贫攻坚永远在路上的思想。目前脱贫攻坚工作虽然取得了决定性成果，但要克服自满的思想，对成绩不骄傲、不自满。对存在问题的分析，透过现象厘清本质，建立长效机制，对因灾、因病返贫的进行保障。

3. 发展农村产业以增加收入。实施乡村振兴战略，形成"党政主导，社会参与"模式，着力在产业振兴上下功夫。鼓励贫困户自力更生，发展生产；激励农民工返乡创业，安排贫困户就近就业；坚持以党的建设为统领，高标准严要求抓落实。把扎实做好"三资"清查工作作为发挥党支部战斗堡垒作用的重要抓手。敢于担当作为、敢于攻坚克难、敢于较真碰硬，把开展清查工作与扫黑除恶和乡村振兴结合起来，紧紧依靠广大村民，注重工作方式方法，把公正公平作为首要准则，全面清理近 20 年村内集体资源、资产及资金。

对清理上来的资源、资产分类登记造册，建立台账。通过村民代表大会按照集体《吉林省农村集体资产管理条例》进行处理。留 10% 村集体直接经营，其他部分按照资源品质进行分等级定价。同等价格优先发包给原承包方，如原承包方放弃权利的，对村内发包，原则上不对外发包。合同经镇农经站签证之后，方能生效。所收资金全部上缴镇农经站账户。仅此一项每年可为村集体增收 10 万余元。

村集体通过收益再投资等形式，三年内可确保村集体积累实现 100 万元。

村里制定并公布各项常态化机制并长期执行。

1. 每年春季村里对全村所有房屋进行一次免费维修。

2. 对非贫困户家庭交合作医疗的每年每人补助 30 元。

3. 村里对 70 周岁以上（1949 年以前出生的）的老人每年给予生活补助 200 元。

4. 本村五保户村里每月给交 15 元生活用电费用。

5. 对 60 周岁以上（1959 年以前出生的）的老党员每人给予生活补贴 500 元。

6. 为在村居住的幼儿园、小学、初中学生每人每年补助 100 元。本村村民考入本科（二本以上）的给予一次性奖励 1000 元。

7. 每年拿出一部分资金，用于"一事一议"临时救助。

8. 村集体每年出资 5000 元购买常用药物，按实际需要给贫困户免费发放。

9. 村里各项工作支出包括环境整治等常规工作。

10. 节余部分用于壮大村集体经济，在保证资金安全和固定收益的前提下，短期投资于本村信用企业，原则上不超过 1 年，收益用于村公益事业和村社干部奖励。

（本案例执笔人：王军强　张思源　李若楠）

案例点评

　　吉林省长岭县大兴镇顺山村在推进脱贫攻坚过程中探索了多种扶贫方式，实现了全面脱贫的目标，主要经验启示有：一是构建了新型产业经营模式，提升了农业产业的带贫能力。如打造"合作社＋贫困户"的合作开发模式和利益分配机制，制定社员分红、民生及公共基金、合作社再生产资金、扶贫基金按4:3:2:1的权重分配的机制，盘活了产业基础、激发了创业动能。二是引入外部"龙头"企业，建立与市场的对接机制。通过建立"企业＋村集体＋农户"的模式不仅实现了村集体经济的发展，而且带动了村民减贫。三是增强基层党组织组织力，提高工作实效。通过"三会一课"等党组织活动提升党支部的组织力，在推进一些重点工作如"清产核资"的过程中发挥了基层组织敢于担当、敢于较真碰硬的作用。四是建立基层包保机制，提高扶贫精度和深度。如探索形成村社干部、党员与低收入村民的对接关系，村社干部、党员直接联系包保低收入村民，执行增收绩效与干部报酬挂钩等制度，极大巩固了党政民的"鱼水情"。五是编写《村规民约》，塑造文明进取新风尚。通过开展经常性群众活动，举行联欢会、晚会等喜闻乐见的文娱活动，把村民组织起来、把全村的思想凝聚起来。

（点评人：苟天来，北京农学院教授）

第五章

磐石篇：
创产扶贫，壮大集体经济

磐石市石咀镇永丰村工作事迹

发挥党员带头作用，优先发展特色产业，党群联建全民参与，扶贫扶志相结合。多举措并行，辽宁省磐石市永丰村3年脱贫攻坚阶段实现41户贫困户脱贫，贫困户年人均收入从2015年年末的不足3000元，提高到2018年年底的6000元以上。产业发展、农民致富、村貌改善，实现了创产扶贫模式下脱贫致富、乡村振兴和美丽乡村建设的完美结合。

一、村情

永丰村位于磐石市区北部、石咀镇西北部，距磐石市区15公里、吉林市97公里、长春市111公里，202国道贯穿全境。幅员面积13.6平方公里，辖永丰东屯、腰屯、西屯、南屯4个自然屯。村民291户1414人，其中劳动力人口896人、外出务工160人。

全村耕地面积2740亩（实有），其中水田面积740亩、旱地面积2000亩。人均耕地面积1.9亩。林地面积16500亩。有小型水库1座，塘坝3个，水域面积190亩，永丰村是典型的农业村，主要以种植玉米、水稻为主。

二、扶贫成效

2015年年末建档立卡贫困人口为47户117人。自2016年至今通过动态调整，目前现有贫困人口43户95人。其中2016年年底脱贫32户69人，2017年年底脱贫6户13人，2018年年底脱贫3户7人，剩余2户6人未脱贫。

自脱贫攻坚工作开展以来，贫困户年人均收入从2015年年末不足3000元，现在永丰村贫困人口年人均收入已增加到6000元以上。

三、主要实施的集体经济项目

（一）芦笋大棚项目

2016年投资100万元建设芦笋大棚62栋，已进入采收期，目前每天采收100斤至200斤，批发给东北亚生鲜超市和市场小贩。原有11户贫困户承包33栋，现都到豆油厂和制衣厂打工，芦笋大棚交回村集体30栋，由村集体负责经营。

（二）光伏项目

永丰村2016年、2017年两年共计投入215.6万元，建设光伏发电设备239千瓦。截至2019年7月，项目发电收益累计达54.6万元。

（三）花卉种植项目

争取省国土厅项目资金，投资125万元，建大棚47栋，发展培育商品花苗福禄考，栽植花苗226万株，大部分花苗由市领导和驻村"第一书记"沟通协调，通过吉林市建委和各部门销售，2017年和2018年收益19.4万元，2019年预计收入10万元。

（四）食用菌项目

2016年，永丰村投资2.38万元，采取合股经营方式，新建320平方米食用菌大棚2栋，由本村食用菌大户统一经营，带动贫困户14户，每户每年分红300元，可连续分红6年，目前，灌封菌袋4万袋，已实现产出，进入正常生产阶段。2019年又出租10栋大棚发展羊肚菌，收益2.5万元。

（五）豆油生产加工项目

2018年投入800万元（其中扶贫资金投入214.6万元），每年村集体租金18万元，并参与公司经营分红。2019年春节为全村所有村民发放豆油1370余桶。截至目前，生产豆油250吨，已售140吨，纯利润30余万元。大部分是通过欧亚超市销售的。

（六）永丰服装制衣厂项目

永丰村与辽源市东北袜业形成合作，投资312万元（其中扶贫资金270万元），建设可同时容纳100人就业的1200平方米厂房，解决永丰村及周边村屯的剩余劳动力。目前，项目正在建设中，永丰村收取租金18.7万元。

（七）水库旅游项目

投入156万元打造永丰水库，开展垂钓、采摘、农家乐民宿等休闲旅游项目，目前九台农商银行拓展培训班已于6月13日进驻，第一批学员53人，每人每天费用为80元，培训3个月，预计村集体可毛收入26万元，纯收入达到10万元。

（八）土地流转项目

2018年成立了种植专业合作社，流转耕地水旱田共110公顷，共享满祖乌拉等知名品牌，定向种植和销售，村集体2018年收入5万多元。在去年基础之上，今年增加118公顷，共流转土地228公顷，其中34.8公顷零差价转包给长春青怡坊集团，种植软枣猕猴桃及柴胡、桔梗等中草药。其余村里集中种植，预计今年土地流转收益能达到20万元左右。计划今年年底全村500余公顷土地实现全部流转。

四、主要的扶贫机制

（一）星级超市

1. 建立"星级超市"

为认真贯彻落实党的十九大和习近平总书记关于"扶贫先扶志"的重要指示精神，动员全社会各方力量积极参与脱贫攻坚。永丰村"星级超市"在镇党委、村党支部和帮扶单位以及社会各界爱心人士的大力支持下成功建立起来。"星级超市"本着"扶志扶脑袋、扶贫扶口袋、支部重帮带"的宗旨，党员与贫困户、村民共同参与、志愿服务，共同搭建扶志、扶智的平台，同时发挥党员示范带动作用，以激励贫困群众积极投身于脱贫致富、环境改善、文明实践，努力实现贫困户过上好日子、养成好习惯、形成好风气的良好生活环境，促进我村和谐文明发展，力争把"星级超市"建成富有特色、富有影响力的公益服务站，努力将我村打造成"业兴、家富、人和、村美"的幸福美丽乡村。

2. 建立"星级超市"贫困户、党员、村民星级评定制度

"星级超市"物资根据贫困户、党员星级评比结果予以发放，贫困户星级评定从爱党爱国、遵纪守法、内生动力、邻里和谐、诚实守信、环境美化、移风易俗、热心公益、勤劳致富、脱贫励志10个方面进行评比；党员星级评定从遵纪守法、为民服务、学习上进、权利义务、敬业奉献、表率示范、帮扶结对、产业带动、卫生节俭、文明和谐10个方面进行评比；村民星级评定从德才兼备好乡贤、志愿服务好村民、返乡创业好青年、孝老爱亲好儿女、和谐进步好夫妻、不要彩礼好媳妇、邻里相助好人家、勤劳致富好人家、文明节俭好人家、美丽干净好人家10个方面进行评比。通过星级评定促进贫困户、党员、全体村民积极参与到脱贫攻坚、环境改善、乡风建设等各项工作上来。

3. 星级季评、年度评定

（1）星级季评

星级季评每季度评比一次，评比方式为评定组（村两委及驻村工作队）及村民监督委员会按照星级评定评比赋星表内容，逐户逐项进行现场赋星，然后评定组召开会议讨论，通过集体讨论

评定出当季表现突出或为本村发展做出突出贡献的总量不超过参与评比的户的50%。当季度赋星情况在展板中，根据得星情况，以上贫困户、党员可在星级超市领取价值为100元左右奖励物品，星级越高，奖品价值就越高。

（2）星级年度评定

星级年度评每年终评比一次，评比方式为四个季度全为前十星的贫困户、党员。年度赋星情况在展板中展示，年度五星户可在星级超市领取相应星级奖励物品，授予年度十星户为我村年度十星户荣誉称号并颁发年度十星户牌匾。

（二）发展党群联建扶贫田

按照"支部带头做，党员义务管，共建党群联建扶贫田"的帮扶、带富理念，大力发展党群联建扶贫田项目。村里全体党员、干部、"第一书记"和贫困户组团成立"小生产队"，利用村集体的机动地或者租用丧失劳动能力的贫困户的土地，党员、干部义务出工出劳，依靠市里的"龙头"企业，实行订单种植，贫困户零风险、零投入，享受所有收益分红。给贫困户带来了党的温暖，生活的希望。

五、主要的经验

（一）产业推进

决战决胜脱贫攻坚，产业发展是关键。紧紧抓住产业发展，坚持政府领唱、"龙头"企业协唱、贫困户主唱的发展方式。

1. "龙头"企业带动

与龙潭区棋盘村合作成立永丰惠民农业科技有限公司，打造绿色水稻种植项目和笨榨豆油厂项目。绿色水稻种植项目由永丰惠民农业科技有限公司统一流转永丰村土地，使用棋盘农业集团公司满祖乌拉等知名品牌，开展定向种植和销售。实施企业加金融带贫困村的模式，大力开展"携手扶贫"新模式。

2. 坚持区位优势，大力发展乡村旅游

通过开发永丰水库，开展垂钓、采摘、农家乐等休闲旅游项目。目前九台农商银行拓展培训班已结束，每年还会定期举办，旅游项目也将总体对外营业开放，目标是将永丰旅游项目打造成田园综合体项目。

（二）乡村能人带动

村书记刘志刚带动永丰村逐步实现脱贫，刘志刚，47岁，中共党员，现任石咀镇永丰村党支部书记。刘志刚同志于2010担任村书记，他凭着一股对事业的执着、一腔对乡土的热爱、一种坚韧不拔的精神，将永丰村发展成如今各项工作都位列全镇前列的村，受到上级领导、镇党委、政府多次表彰。

1. 饮水思源，富不忘本。

刘志刚没任村书记之前，一直卖饲料、养猪和开小卖店，纯收入一年也能达到20多万元。由于他开小卖店，对全村的大部分情况都有所耳闻，他了解到很多的贫困户家里没有特色的产业项目，缺乏技术，资金匮乏，爱乡心切的他，决定带领大家改变贫穷的状态。一人富不是富，全村富才是富，正是因为他的这种想法使村民们对他有了信任，2010年村

班子换届选举时全票通过。"独乐乐不如众乐乐，独脱贫不如众脱贫"这是他常挂在嘴边的话。永丰村在他的带领下2016年被磐石市委评为磐石市先进基层党组织，2017年被石咀镇党委评为先进党支部，2018年被石咀镇党委评为先进党支部。

2. 俯下身子，摸清路子。刘志刚上任的第一件事，就是把村社班子找到一起，改变过去村班子三足鼎立、各自为政的局面。为了更好地了解村里的情况，他走访老党员和村民，征求意见和建议，寻找出适合本村发展的路子。他一有时间就会挨家挨户走访贫困户，询问其脱贫的路子及想法，因人而异制定脱贫方案。

他协同省、市"第一书记"带领村民重点发展芦笋种植、光伏发电、食用菌、新菜田扶贫开发项目四个产业项目，走特色农业、生态农业发展之路。

他积极将"两学一做"结合脱贫攻坚工作，号召党员充分发挥先锋模范作用，主动包保贫困户，与贫困户结成帮扶"对子"，一起分析贫困原因，一起寻找脱贫措施，对于许多工作，党员们都能做到主动出义务工，帮助村里和缺少劳动力的贫困户扣大棚、搬运东西，并手把手地帮助贫困户掌握各种项目的种植技术。

3. 情系百姓，心为解忧。经过多年的努力，永丰村大改从前。他全面分析本村的发展形势，拓宽思路，制订出"永丰村三年发展规划"，围绕村上的主导产业扩大再生产。积极争取资金，解决影响和制约经济发展，群众生产生活的水、电、路等突出问题。近几年来，他按照因屯制宜、量力而行原则，分年度、有计划地搞好村屯基础设施建设。

在他的积极号召下，永丰村还成立了志愿服务队，分为爱心奉献、文体娱乐、创业带富、矛盾排解、安全保障五个专项服务组，年初党员积极认领岗位并做出公开承诺，全年践诺，年终述诺并接受其他党员及群众评议。村内党员摘花除草、收拾巷道卫生等志愿活动数不胜数。

（三）乡村治理经验

（1）乡村治理村民自治是基础，为切实加强工作指导和制度保障，规范村民自治的形式和内容，镇政府为每个村选派了包村干部和党建工作指导员以及产业发展指导员，经村民代表大会决议通过永丰村村规民约。（2）切实发挥村民代表大会作用，村里的事情村民广泛参与，同时永丰村党务、村务、财务三公开保证了全体村民的知情权。实现了村里有事大家一起干，干得好坏大家判，事事有人管的基层治理格局。

（四）壮大集体经济

（1）坚持因地制宜、宜农则农、宜股则股的原则，重点发展种植合作社、土地股份合作社，形成了多模式、多业态并存的合作社发展态势；（2）请教专业人士进行业务指导邀请财政局、农业局等单位帮助合作社起草章程，健全民主监督、财务管理等各项制度，引导农民合作社不断完善内部运行机制，推动农民合作社规范发展。

（五）电商扶贫

（1）积极参加省红十字会发起的京东众筹项目，现已进入全国总决赛；（2）借助包保单位吉林市联通公司将该村产品在其公司销售平台上，线上销售。

（六）开展订单农业

统一流转农户土地，由村里集中、定向种植。与龙头企业签订订单。除种植稻花香、玉米、大豆等常规作物之外，试验性种植2公顷食用百合和2公顷黄芪，百合每亩预期纯收益5000元，黄芪每亩预期纯收益2000元。

（七）社会公益扶贫

（1）吉林省人民医院和长春恒康中医医院组成专家志愿服务队，为贫困户和村民开展义诊活动，免费赠送药品、膏药、茶饮42种2000余盒，价值2.5万元，接受义诊群众147人；（2）丰满发电厂各支部党员捐资6.1万元，帮扶6名贫困学生，提高他们在校生活、学习质量，并将持续帮助他们直至毕业；（3）为患有脑瘫的贫困户李祥君解决冷饮车存放场地、用电和进货问题，圆贫困户自力更生的梦想。

（八）农村人才建设

（1）进一步与农业科技院校建立合作关系，定期邀请专家教授到田间地头传授农业知识、指导农业生产；（2）镇农业站，组织农村实用人才培训，并赴先进地区参观学习，进一步开阔视野、拓展思路、提升本领；（3）致富带头人与贫困户一对一结成"致富共同体"，充分发挥农村实用人才优势，通过帮思想、帮技术、帮办法，提高贫困户的致富能力，共同走向致富道路。

（九）就业培训、公益岗位

（1）与磐石市职业教育中心进行校企合作，组织村民参加养殖培训班、电子商务培训班、电焊培训班。（2）依托辽源林业集团市场、技术、管理等资源，争取今年年底至 2020 年上半年，建设成完善的产学研一体的服装设计、产品加工、产品研发通过实训指导、订单训练、案例分析、电商、物流培训等校企合作人才培养基地。

六、政策实行情况

（一）坚持层层推动，严格压实各级包保部门帮扶责任

按照《吉林省五级书记抓扶贫责任制》，吉林市"四个理清"工作机制和磐石市《关于扎实开展全市三级党政主要领导遍访贫困对象行动的通知》要求，省市县三级包保部门履职尽责，严格落实包保帮扶责任。2016 年以来，省纪委、吉林市纪委、吉林市丰满发电厂、吉林市联通公司、九台农村商业银行、吉林融丰银行、磐石市市委办、纪委办、财政局、水利局和供电公司 11 个包保部门为两个省级贫困村解决帮扶资金 320 多万元、水利物资等价值 10 多万元，无偿架设芦笋园区供电线路、花卉园区打井、安装村部暖气锅炉，捐赠办公电脑和送医送药等。

（二）坚持土地流转与寻求合作并行，开展携手扶贫

与龙潭区棋盘村合作成立永丰惠民农业科技有限公司，打造绿色水稻种植项目和笨榨豆油厂项目。绿色水稻种植项目由永丰

惠民农业科技有限公司统一流转永丰村土地、使用棋盘农业集团满祖乌拉等知名品牌，开展定向种植和销售。目前流转土地228公顷，其中34.8公顷转包给长春青怡坊集团。笨榨豆油厂项目投入800万元，其中永丰村投入扶贫资金214.6万元，征地1万平方米。土地、厂房、库房等基础设施建设产权归村集体所有，租赁给惠民公司使用，年产400吨成品豆油，每年村集体收入租金18万元。并参与公司经营49%分红。

（三）坚持招商建厂与安置就业并行，寻求持续发展

为解决扶贫同质化问题，2019年1月初，永丰村与辽源市东北袜业达成合作意向，成立永丰村服装制衣厂。由村集体改造闲置房屋并收取房屋租金，由东北袜业公司提供原料、设备和技术培训，并对成品进行回收销售。2019年1月21日制衣厂正式开业投产，现有工人32人，全部为本村、周边村民。目前，学徒工人工资每月保底1500元，熟练工人工资可达每月3000元。同时正对制衣厂进行扩建，厂房建设1200平方米，提供100个工位，可有效解决永丰村及周边村屯剩余劳动力。

（四）休闲农业与观光旅游并行，树立永丰品牌

永丰村充分利用本村现有自然资源，以永丰水库为依托，打造集餐饮、娱乐、休闲等于一体的旅游观光项目。联建企业吉林九台农商银行通过向慈善总会定向捐赠的方式，为永丰村集体先后注资156万元。用来改造水库及其周边的闲置房屋设施，以发展乡村民宿旅游业。

（五）优化基础设施与改善人居环境并行，确保成果共享

近两年来，永丰村按照美丽乡村建设标准，积极协调有关部门争取资金 2300 万元，围绕"八有"标准共实施项目 11 个。新建水泥路 5.7 公里，石砌边沟 7677 延长米，铁艺围栏 9230 延长米，文化广场 3000 平方米，铁艺大门 281 个，路灯 110 盏，渠道 4200 延长米，自来水实现全覆盖，村容村貌得到了明显改善。截至目前，永丰村路硬化已实现 100%，自然屯全部达到安全用水标准，路灯建设、围栏改造、农户大门更新和石砌边沟建设等已全部完成。

围绕乡村印记、乡风民俗、抗联遗址等内容，拟在永丰村东屯原水库接待中心扩建乡村博物馆和培训教育基地。拟投资 500 万元，九台农商银行捐赠。已请省博物院的专家进行了实地查看并且完成建筑设计。

（本案例执笔人：申强　王名惠　张童）

案例点评

吉林省磐石市石咀镇永丰村在推进脱贫攻坚过程中，积累了丰富的经验，创新了多种减贫方式，主要经验启示有：一是发展特色产业，实现集体经济与贫困户增收"双赢"。主动对接村外资源发展芦笋、光伏、花卉种植、食用菌、服装制衣等特色产业，实现了集体经济快速增长和农民增收，为减贫奠定了产业基础。二是创新"星级超市"基层治理模式，实现"扶贫先扶志"。通过建立"星级超市"贫困户、党员、村民星级评定制度，针对贫困户、党员、普通村民等不同群体建立评价标准，以星级多少给予不同奖励，极大激发了村民参与公共治理的热情。三是建强基层组织，提高扶贫效力。村党支部将"两学一做"与脱贫攻坚工作相结合，号召党员充分发挥先锋模范作用，主动包保贫困户，与贫困户结成帮扶"对子"；通过建立党群联建扶贫田的方式，发挥了党支部及党员的先锋模范带头作用，密切了党群干群关系。四是发挥乡村能人作用，构建乡村志愿服务体系。该村支部书记是具有丰富致富经验的乡村能人，为了更好地推进精准扶贫工作，他建立了包括爱心奉献、文体娱乐、创业带富、矛盾排解、安全保障五个专项服务组的志愿服务队，并建立志愿服务激励制度。

（点评人：苟天来，北京农学院教授）

后　记

本书所述吉林省五个案例村的调研成果是"中部区域县、村脱贫攻坚经验总结"（项目编号：TC190F4WF）项目的一部分。

2019年9月，吉林组课题组成员（本书撰写人员）一行16人在镇赉县、农安县、磐石市、伊通县、柳河县、长岭县6个县开展"脱贫攻坚成就和经验总结"项目调研，对于典型脱贫县——镇赉县，调研组采取上下结合的方式对县相关领导、扶贫办及扶贫工作相关的其他职能部门人员以及典型乡镇、村的党支部书记、"第一书记"、驻村工作队等扶贫一线的工作人员、贫困户等群体进行调查，通过集体座谈、焦点个体座谈及问卷调查及分析，最终形成《镇赉县脱贫攻坚经验总结研究报告》《镇赉脱贫攻坚图说故事》。在完成镇赉县调研后，调研组包括北京农学院老师苟天来、赵志毅、李玉红、王军强、申强；农安县农业农村局李强、农安县合隆镇人民政府于隽；北京农学院研究生王旭、雷广元、申晴、孙进、宋珺、张思源、李若楠、王名惠、张童、中国农业大学研究生王金成；以及来自长春市城乡建设委员会的农安县烧锅岭村第一书记祁志刚、来自通化市交通局的柳河县四清村第一书记王雨佳、来自伊通县财政局的伊通县打草村第一书记白旭光、来自吉林省委组织部的长岭县顺山村第一书记何俊良、来自吉林省纪委监委的磐石市永丰村第一书记闫振宇，他们兵分五路前往农安县烧锅岭村、磐石市永丰村、伊通县打草村、柳河县四清村、长岭县顺山村5个村庄开展典型贫困村脱贫经验调研，通过访谈、调查问卷等方式，围绕典型村脱贫成效、扶贫举措、产业发展、基层治理、扶贫政策等进行经验总结，并最终形成5个村脱贫出列深度研究报告。

烧锅岭村、永丰村、打草村、四清村、顺山村，这5个村庄是吉林脱贫攻坚的缩影，各个村庄虽有不同特点，但都是自力更生、发挥内外之力谋发展的典范；都离不开政府的大力支持和脱贫的坚定决心；都有一批负责任、有担当、会干事的驻村工作队、"第一书记"及村干部等基层干部；都离不开特色产业发展及联农带农利益联结机制的建立；也离不开基层治理创新和治理成效。他们未来还将继续发展，尤其是接续推进乡村振兴事业，有朝一日，当我们回头再看他们推进精准扶贫的历程，定会感慨习近平总书记十九大报告中"人民是历史的创造者，是决定党和国家前途命运的根本力量"这一论断的重要启示。

最后，再次对关心本项目的领导和支持我们工作的吉林人民表示诚挚的感谢，对奋斗在脱贫攻坚一线的战士们表示由衷的敬意！

"中部区域县、村脱贫攻坚经验总结"项目吉林省课题组